일본어 독해력 완성 프로그램
다락원 일한 대역문고

고급
2

미야자와 켄지의 첼로 켜는 고슈

宮沢賢治のセロ弾きのゴーシュ

宮沢賢治 著 | 남이숙 訳註

다락원

머리말

『다락원 일한 대역문고』 고급 시리즈는 일본어에 대한 체계가 잡혀 있는 중급 이상 수준의 학습자가 일본 문학작품을 통해서 일본어에 대한 이해를 높이는 것을 목표로 만들었습니다.

일본 국내외에서 완성도를 인정받은 일본 문학작품으로 일본어를 학습한다면 일본에 대한 지식도 쌓을 수 있어서 일본어 학습이 더욱 유익해질 것입니다.

일본어에 대한 감각이 일정 수준에 달하면 정확한 전달력뿐만 아니라 풍부한 표현력에 대한 요구도 강해집니다.

그런 점에서 현행 일본 고등학교 교과서에 실린 문학작품과 일본 문학계에서 천재성을 인정받은 여러 작가의 유명 작품들로 구성된『다락원 일한 대역문고』시리즈는 풍부한 일본어 표현력을 기르는 데 좋은 길잡이가 되어 줄 것입니다.

『다락원 일한 대역문고』시리즈는 사전 없이 편리하게 학습할 수 있도록, 어휘 풀이는 물론 주요 문형에 대한 자세한 해설과 예문을 함께 실었습니다. 본문 해석은 직역(直譯)을 원칙으로 하되, 문학 작품임을 감안해 원문의 분위기를 흐리지 않는 범위 내에서 자연스러운 한국어 번역을 위해 의역(意譯)과 때로는 표현 가감을 선택했습니다.『다락원 일한 대역문고』고급 시리즈로 일본 문학작품을 읽는 재미는 물론 원어민의 정확한 발음으로 녹음된 음성 파일로 듣기 능력까지 함께 향상시키시기 바랍니다. 여러분의 일본어 학습에 도움이 되기를 바랍니다.

다락원 일한 대역문고 연구회

『다락원 일한 대역문고』이렇게 보세요

ところが、この豪儀な小十郎が町へ熊の皮と胆を売りに行くときの惨めさといったら、まったく気の毒だった。

町の中ほどに大きな荒物屋があって、笊だの砂糖だの砥石だの金天狗やカメレオン印のたばこだの、それからガラスの蠅とりまで並べていたのだ。小十郎が山のように毛皮をしょってそこの敷居を一足またぐと、店ではまた来たかというように薄笑っているのだった。店の次の間に大きな唐金の火鉢を出して、主人がどっかり座っていた。

「旦那さん、先ころはどうもありがどうごあんした。」

あの山では主のような小十郎は、毛皮の荷物を横に降ろしてていねいに敷板に手をついて言うのだった。

「はあ、どうも、今日は何のご用です。」

「熊の皮また少し持ってきたます。」

□豪儀 호기, 기세가 당당 □惨めさ 비참함, 참담함 □〜といったら 〜으로 말하자면 □荒物屋 가정용 잡화를 파는 가게, 잡화점 □笊 소쿠리 □砥石 숫돌 □金天狗 금으로 된 텡구 (텡구는 얼굴이 붉고 코가 크며 손발톱이 길고 날개가 있으며, 긴 칼·나무 지팡이·깃털로 만든 부채를 지닌 일본 고유의 산신 중 하나) □〜印 〜표, 〜표 □とり 파리채 □敷居 문지방 □またぐ 가랑이를 벌리고 넘다. (한쪽에서 다른 쪽으로) 걸치다 □薄笑う 빙긋 웃다 □次の間 옆방, 곁방 □唐金の火鉢 청동화로 □どっかり 의젓하게 자리 잡고 앉은 모양 □旦那 나리 □先ころ 요전, 일전 □ありがとうごあんした 감사했습니다 (=ありがとうございました. ごあんす는 ございます가 변한 형태임) □ていねいに 정중하게, 공손하게 □敷板 마루널 □手をつく 손을 짚다 □持ってきたます 갖고 왔습니다 (持ってきました의 방언식 표현)

75

자세한 해설과 함께, 본문에 히라가나로 쓰인 단어 중 한자와 함께 익혀 두면 좋은 어휘에는 한자 표기를 병기하고, 또 예문에 쓰인 단어 중 읽기가 어려운 단어에는 읽는법을 밝혔습니다.

사진 자료는 어휘 해설에 대한 빠르고 정확한 이해를 도와줍니다.

주요 문형의 뜻풀이와 접속을 예문과 함께 알기 쉽게 정리했습니다.

일러두기

일본어의 한국어 표기는 다음과 같습니다.
장음은 단음으로 표기했습니다. 예 大阪 — 오사카
발음 표기는 로마자 표기의 발음에 따랐습니다. 예 つかう (tsukau) — 츠카우
촉음은 'ㅅ'으로 표기했습니다.

문형 접속 해설에 쓰인 활용형의 설명은 다음과 같습니다.
ます형(연용형) — ます가 붙기 이전의 형태
ない형 — ない가 붙기 이전의 형태
て형·た형 — 각각 て·た가 붙은 형태
な형용사な·명사の — な형용사의 어간에 な가 붙은 형태, 명사에 の가 붙은 형태
동사·い형용사·な형용사의 기본형 — 동사·い형용사는 사전에 실려 있는 형태, な형용사는 어간에 だ가
붙은 형태
보통형 — 기본형, 부정형, 과거형, 과거부정형

MP3 파일

원어민 성우의 정확한 내레이션으로 듣는 즐거움도 쌓으세요.

목차

미야자와 켄지의

첼로 켜는 고슈

宮沢賢治のセロ弾きのゴーシュ

宮沢賢治(みやざわ けんじ, 1896~1933)

岩手현 출신으로, 전당포를 경영하는 유복한 가정
에서 자랐다. 집안에서는 賢治가 중학교를 졸업하고
가업을 잇게 했지만, 전당포 사업을 싫어한 賢治는
부모를 설득시켜 盛岡高等農林学校에 진학한다.
盛岡高等農林学校 시절에 日蓮宗에 관심을 갖게
되어, 졸업 후 東京로 상경해 포교활동을 하기도 했다. 하지만 여동생의
병 때문에 고향으로 돌아와 稗貫農学校에서 교직생활을 한다.
이 시기에 자비로 「春と修羅(1924 년)」와 「注文の多い料理店(1924
년)」을 출간한다. 이 작품들은 그 당시 호평을 받기는 했지만 널리 알려
지지는 않았다.
풍족한 생활을 한 賢治는 전당포 사업을 하는 집안이 가난한 농민들을
착취한다는 생각에 괴로워했으며, 농민의 생활을 개선하기 위해 교직생
활을 접고 농업과학자로서 살아간다.

賢治는 무료로 비료 설계와 농사 지도를 했으며, 농민들에게 예술의 필요성을 강의하기도 했다. 하지만 자신이 갖고 있는 기술로는 농민을 가난에서 구원할 수 없음을 알고 좌절한다. 賢治는 가난한 농민의 생활을 개선하는데 노력하다 1933년 급성 폐렴으로 세상을 떠난다.

시인이자 아동문학가, 농업과학자로 삶을 살았던 賢治는 고향 岩手현에 대한 깊은 애정을 자신 특유의 언어 감각을 통해 표현하고 있다. 독특한 공간 설정과 자연과의 교감, 종교적 색채가 넘치는 시와 동화를 남겼으며, 사후에 더욱더 높이 평가되어 국민작가로 칭송받고 있다.

セロ弾きのゴーシュ

일본에서 수차례 애니메이션으로 만들어졌을 정도로 국민의 사랑을 받는 동화이다. 주인공인 고슈의 이름은 프랑스어로 서툴다는 의미이다. 고슈는 金星音楽団의 단원인데 첼로 연주가 서툴러서 지휘자에게 꾸지람을 듣고 집으로 돌아온다. 실의에 빠져 첼로 연습을 하는 고슈에게 고양이 한마리가 찾아오고, 고슈는 엄청나게 소리가 큰 곡을 연주해서 고양이를 놀라게 한다. 이후로도 뻐꾸기, 너구리, 쥐가 차례로 고슈를 찾아와 첼로를 연주하게 한다. 이렇게 매일 밤 찾아오는 동물들과의 교감을 통해 고슈가 연주 실력을 키워나가는 과정이 흥미롭게 표현된 작품이다.

なめとこ山の熊

賢治는 자신의 작품에서 인간과 자연이 교감하며 서로 연결되어 있다는 것을 표현했다. 이 작품에서도 그것을 엿볼 수 있는데, 생계를 위해 어쩔 수 없이 사냥을 하는 곰사냥꾼 淵沢小十郎와 小十郎에게 죽임을 당하는 곰들은 서로를 잘 이해하고 있다. 곰을 죽이면서 미안한 마음을 가졌던 小十郎는 자신이 곰에게 죽임을 당하면서도 태연했다. 그 이유는 자신을 위해 희생한 곰을 대신해 자신이 살아왔고, 小十郎 또한 그들에게 자신을 내어주며 자신의 삶을 살아준다고 생각했기 때문이다.

紫紺染について

자감 염색은 현재도 盛岡의 명산품으로 알려져 있다. 원문의 내용대로 明治시대에 아닐린 색소가 일본에 들어오고, 염색의 혁명이 일어나면서 자감염색은 쇠퇴했다. 그러나 화학염료로는 표현할 수 없는 전통 염색법만의 장점이 1916년에 남부 자감염색 연구회를 만들어냈다.

賢治의 모교인 盛岡高等農林学校의 교장도 그 일원이었다고 한다. 이처럼 이야기의 일부는 사실이지만 西根山의 산사나이에게 편지를 보내고, 염색법을 알아내는 것은 픽션이다. 산사나이의 도움으로 박람회에서 2등상을 받았다는 것은 조금 짖궂지만, 이것은 소외된 사람들에게 진실성이 있으며 순수하고 정직하다는 것을 말하고 싶은 것이다.

セロ弾きのゴーシュ

　ゴーシュは町の活動写真館でセロを弾く係り*でした。けれどもあんまり上手でないという評判でした。上手でないどころではなく実は仲間の楽手のなかでいちばん下手でしたから、いつでも楽長にいじめられるのでした。

　昼すぎみんなは楽屋に円く並んで今度の町の音楽会へ出す第六交響曲*の練習をしていました。

□セロ 첼로 ＝チェロ　□活動写真館 영화관의 옛말　□評判 평판　□～どころではなく ~정도가 아니라　□仲間 동료, 한패　□楽手 (악단이나 악대에 속한) 악사　□楽長 악장, 지휘자　□いじめる 괴롭히다　□楽屋 대기실, 분장실　□交響曲 교향곡

***　セロを弾く係り**　옛날 일본에서 무성영화가 상영되던 당시에는, 변사가 내용을 설명하며 연기를 하고, 악단이 오케스트라 연주를 하며 음악을 담당했다.

***　第六交響曲**　賢治가 좋아하던 베토벤의 교향곡 제6번 '전원 교향곡'으로 추정된다.

トランペットは一生懸命歌っています。

バイオリンも二いろ風のように鳴っています。

クラリネットもボーボーとそれに手伝っています。

ゴーシュも口をりんと結んで目を皿のようにして楽譜を見つめながらもう一心に弾いています。

にわかにぱたっと楽長が両手を鳴らしました。みんなぴたりと曲をやめてしんとしました。楽長がどなりました。

「セロが遅れた。トォテテ テテティ、ここからやり直し。はいっ。」

みんなは今のところの少し前のところからやり直しました。ゴーシュは顔を真っ赤にして額に汗を出しながらやっと今言われたところを通りました。ほっと安心しながら、つづけて弾いていますと楽長がまた手をぱっと打ちました。

「セロっ。糸が合わない。困るなあ。ぼくは君にドレミファを教えてまでいる暇はないんだがなあ。」

　みんなは気の毒そうにしてわざと自分の譜をのぞき込んだり自分の楽器をはじいてみたりしています。ゴーシュは慌てて糸を直しました。これは実はゴーシュも悪いのですがセロもずいぶん悪いのでした。

　「今の前の小節から。はいっ。」

　みんなはまた始めました。ゴーシュも口を曲げて一生懸命です。そして今度はかなり進みました。いいあんばいだと思っていると楽長が脅すような形をしてまたぱたっと手を打ちました。またかとゴーシュはどきっとしましたが、ありがたいことには今度は別の人でした。ゴーシュはそこでさっき自分のときみんながしたようにわざと自分の譜へ目を近づけて何か考えるふりをしていました。

□糸 현악기 또는 그 악기의 현　□気の毒 딱함, 안됨, 가엾음　□わざと 고의로, 일부러　□譜 악보
□のぞき込む 들여다보다　□はじく (악기를) 타다, (물 등을) 튀기다　□慌てる 당황하다, 허둥거리다,
몹시 서두르다　□小節 소절　□口を曲げる 입을 오무려 내밀다　□あんばい 형편, 정도, 상태　□脅
す 위협하다, 협박하다　□どっきと 놀라서 심장이 두근두근하거나 철렁하는 모양　□ありがたいこ
とに 고맙게도 〈～ことに (감정을 나타내는 말에 붙어 말하는 사람의 기분을 나타냄) ~게도 | 残念なこ
とに 유감스럽게도〉　□～ふりをする ~척을 하다 〈眠(ねむ)ったふりをしている 잠든 척을 하고 있다〉

14

「ではすぐ今の次。はいっ。」

　そらと思って弾きだしたかと思うといきなり楽長が足をどんと踏んでどなりだしました。

　「だめだ。まるでなっていない。このへんは曲の心臓なんだ。それがこんながさがさした音で。諸君。演奏までもうあと十日しかないんだよ。音楽を専門にやっているぼくらがあの金ぐつ鍛冶だの砂糖屋のでっちなんかの寄り集まりに負けてしまったらいったい我々の面目はどうなるんだ。おいゴーシュ君。きみには困るんだがなあ。表情ということがまるでできていない。怒るも喜ぶも感情というものがさっぱり出ないんだ。それにどうしてもぴたっとほかの楽器とは合わないもんなあ。いつでもきみだけとけた靴の紐を引きずって

□そら 주의를 환기시키거나 지시할 때 쓰는 말, 자, 저런　■～かと思うと (동사 기본형·た형에 붙어, 그렇다고 생각했는데 실제는 그렇지 않은 상황을 나타냄) ~하는 듯 싶더니, ~라고 생각했더니 〈やっと部屋の掃除が終ったかと思うと、今度は洗濯が待っている 겨우 방 청소가 끝났나 싶더니 이번에는 빨래가 기다리고 있다〉　□いきなり 갑자기, 느닷없이, 돌연　□どんと 힘차게 부딪히는 모양, 세게　□(足を)踏む (발을) 구르다　■まるで～ない 전혀 ~않다 〈お礼の言葉など、彼にはまるで期待していない 감사인사 같은 건 그에게는 전혀 기대하지 않는다〉　□がさがさ 표면이 매끈하지 않고 거친 모양, 꺼칠꺼칠, 꺼슬꺼슬　□演奏 연주　□金ぐつ 편자: 말굽에 붙이는 쇳조각　□鍛冶 대장장이　■～だの～だの (사물·상황·감정 등을 나열할 때) ~랑 ~랑, ~라든가 ~라든가, ~라느니 ~라느니 〈辛(から)いだの熱いだの文句(もんく)を言う 맵다느니 뜨겁다느니 불평을 한다〉　□でっち 점원　■寄り集まり 한데 모임, 집합　□いったい 도대체　□面目 체면, 면목　□さっぱり (부정어가 따라) 도무지, 전혀, 완전히　□ぴたっと 어긋남이 없이 잘 들어맞는 모양, 꼭, 딱　□とける 풀리다　□紐 끈　□引きずる 질질 끌다

みんなのあとをついて歩くようなんだ、困るよ、しっかりし
てくれないとねえ。光輝あるわが金星音楽団がきみ一人のた
めに悪評をとるようなことでは、みんなへもまったく気の毒
だからなあ。では今日は練習はここまで、休んで六時には
かっきりボックスへ入ってくれたまえ。」

　みんなはお辞儀をして、それからたばこをくわえてマッチ
をすったりどこかへ出ていったりしました。ゴーシュはその
粗末な箱みたいなセロを抱えて壁の方へ向いて口を曲げてぼ
ろぼろ涙をこぼしましたが、気を取り直して自分だけたった
一人いまやったところをはじめから静かに、も一度弾きはじ
めました。

　その晩遅くゴーシュは何か大きな黒いものをしょって自分の家へ帰ってきました。家といってもそれは町はずれの川端にある壊れた水車小屋で、ゴーシュはそこにたった一人で住んでいて午前は小屋の周りの小さな畑でトマトの枝を切ったりキャベジの虫を拾ったりして昼過ぎになるといつも出ていっていたのです。ゴーシュが家へ入って灯を点けるとさっきの黒い包みを開けました。それは何でもない。あの夕方のごつごつしたセロでした。ゴーシュはそれを床の上にそっと置くと、いきなり棚からコップをとってバケツの水をごくごく飲みました。

　それから頭を一つ振って椅子へ掛けるとまるで虎みたいな勢いで昼の譜を弾きはじめました。譜をめくりながら弾いては考え考えては弾き、一生懸命しまいまで行くとまた初めから何べんも何べんもごうごうごうごう弾きつづけました。

　夜中もとうに過ぎてしまいはもう自分が弾いているのかもわからないようになって顔も真っ赤になり、目もまるで血走ってとてもものすごい顔つきになり今にも倒れるかと思うように見えました。

　そのとき誰か後ろの扉をとんとん叩くものがありました。

　「ホーシュ君か。」ゴーシュはねぼけたように叫びました。ところがすうと扉を押して入ってきたのは今まで五、六ぺん見たことのある大きな三毛猫でした。

□振る 떨다, 흔들다　□椅子へ掛ける 의자에 앉다　□勢い 기세, 기운, 힘　□めくる 젖히다, 넘기다　□しまい 끝, 마지막　□何べん 몇 번〈へん・べん・ぺん 동작이나 작용의 횟수를 나타냄〉　□ごうごう 소리가 울려 퍼지는 것을 나타내는 말, 윙윙, 우웅　□とうに 벌써, 이미〈とくに의 변한 말〉　□血走る 눈에 핏발이 서다, 충혈되다　□ものすごい 끔찍하다, 무섭다, 대단하다　□顔つき 얼굴 생김새, 안색, 표정　□いまにも 당장이라도, 이제 곧　□扉 문, 문짝　□とんとん 가볍게 두드리는 소리, 똑똑, 톡톡　□叩く 두드리다, 치다, 때리다　□もの(者) 자, 사람　□ねぼける 잠이 덜 깨서 멍하다, 흐릿하다　□叫ぶ 외치다, 소리 지르다　□すうと 쓰윽 하고　□三毛猫 흰색·검은색·갈색이 섞인 집고양이

　ゴーシュの畑からとった半分熟したトマトをさも重そうに持ってきてゴーシュの前に降ろして言いました。

　「ああくたびれた。なかなか運搬はひどいやな。」

　「何だと。」ゴーシュが聞きました。

　「これおみやです。食べてください。」三毛猫が言いました。

　ゴーシュは昼からのむしゃくしゃをいっぺんにどなりつけました。

　「誰がきさまにトマトなど持ってこいと言った。第一おれがきさまらの持ってきたものなど食うか。それからそのトマトだっておれの畑のやつだ。何だ。赤くもならないやつをむしって。今まででもトマトの茎をかじったりけちらしたりしたのはお前だろう。行ってしまえ。猫め。」

□熟す 익다　□さも 자못, 아주, 정말로　□降ろす 내리다, 내려놓다　□くたびれる 지치다, 피로하다
□運搬 운반　□おみや 선물〈おみやげ의 준말〉　□むしゃくしゃ 기분이 몹시 짜증이 나고 뒤틀리는 모양, 부글부글　□いっぺんに 한꺼번에, 동시에　□どなりつける 큰소리로 꾸짖다, 호통치다　□きさま 너, 자네, 네놈　□第一 무엇보다도, 우선, 먼저　□食う 먹다〈食べる보다 거친 표현〉　□~だって ~도, ~조차　□むしる 잡아 뽑다, 쥐어뜯다　□茎 줄기　□かじる 갉아먹다, 이로 갉다　□けちらす 발로 차서 흩뜨리다　□~め ~녀석, ~놈

　すると猫は肩を丸くして目をすぼめてはいましたが、口の辺りでにやにや笑って言いました。

　「先生、そうお怒りになっちゃ、お体にさわります。それよりシューマンのトロメライ*を弾いてごらんなさい。聞いてあげますから。」

　「生意気なことを言うな。猫のくせに。」

　セロ弾きはしゃくにさわってこの猫のやつどうしてくれようとしばらく考えました。

　「いやご遠慮はありません。どうぞ。私はどうも先生の音楽を聞かないと眠られないんです。」

　「生意気だ。生意気だ。生意気だ。」

□すぼめる 움츠리다, 오므리다　□辺り 근처, 부근, 주위　□にやにや 능글맞게 웃는 모양, 히죽히죽　□～にさわる ~에 해가 되다, ~에 방해가 되다　□生意気 건방짐, 주제넘음　□～のくせに (명사에 붙어) ~주제에, ~인데도　□しゃくにさわる 화가 나다, 부아가 나다, 아니꼽다

*　シューマンのトロメライ　슈만은 19세기 독일 낭만파 음악의 대표적인 작곡가로, '트로이메라이'는 슈만의 피아노 조곡 '어린이 정경(1838)'에 수록된 13곡 중 7번째 곡이다. トロメライ는 고양이가 トロイメライ에서 한 음을 빼고 말한 것이다.

　ゴーシュはすっかり真っ赤になって昼間楽長のしたように足ぶみしてどなりましたがにわかに気を変えて言いました。

「では弾くよ。」

　ゴーシュは何と思ったか扉に鍵をかって窓もみんな閉めてしまい、それからセロを取り出して灯を消しました。すると外から二十日過ぎの月の光が部屋の中へ半分ほど入ってきました。

「何を弾けと。」

「トロメライ、ロマチックシューマン作曲。」猫は口を拭いてすまして言いました。

「そうか。トロメライというのはこういうのか。」

　セロ弾きは何と思ったかまずハンケチを引き裂いて自分の耳の穴へぎっしり詰めました。それからまるで嵐のような勢いで「インドの虎狩り」という譜を弾きはじめました。

　すると猫はしばらく首を曲げて聞いていましたが、いきなりパチパチパチッと目をしたかと思うとぱっと扉の方へ飛びのきました。そしていきなりどんと扉へ体をぶっつけましたが扉は開きませんでした。猫はさあこれはもう一生一代の失敗をしたというふうに慌てだして目や額からぱちぱち火花を出しました。すると今度は口の髭からも鼻からも出ましたから猫はくすぐったがってしばらくくしゃみをするような顔をして、それからまたさあこうしてはいられないぞというようにはせ歩きだしました。ゴーシュはすっかり面白くなってますます勢いよくやりだしました。

□ハンケチ 손수건 ＝ハンカチ　□引き裂く 잡아 찢다, 사이를 갈라 놓다　□ぎっしり 빈틈없이 꽉 찬 모양, 꽉꽉　□詰める 채우다, 담다, 틀어막다　□嵐 폭풍　□〜狩り ~사냥　□パチパチ 눈을 깜박거리는 모양, 깜박깜박　□飛びのく 재빨리 물러서다, 홱 비켜서다　□ぶっつける 부딪히다, 냅다 던지다 〈ぶつける의 힘줌말〉　□さあ 다급하거나 곤란할 때 내는 소리, 아아, 야 (이것)　□一生一代 일생일대　□〜ふうに ~처럼, ~식으로　□火花 불꽃　□髭 수염　□くすぐったい 간지럽다, 근질근질하다　□くしゃみをする 재채기를 하다　■〜てはいられない ~하고 있을 수는 없다 〈時間がないから、雨が止むのを待ってはいられない 시간이 없으므로 비가 그치기를 기다리고 있을 수는 없다〉　□はせ歩きだす 종종걸음을 치기 시작하다 〈はせ〜 달려서~〉

「先生もうたくさんです。たくさんですよ。後生ですから
やめてください。これからもう先生のタクトなんかとりませ
んから。」

「黙れ。これから虎を捕まえるところだ。」

猫は苦しがって跳ね上がって回ったり壁に体をくっつけた
りしましたが壁についた後はしばらく青く光るのでした。し
まいは猫はまるで風車のようにぐるぐるぐるぐるゴーシュを
回りました。

ゴーシュも少しぐるぐるしてきましたので、

「さあこれで許してやるぞ。」と言いながらようようやめま
した。

□たくさん (달갑지 않을 만큼) 충분함, 더 필요 없음, 질색임　□後生ですから 부디, 제발　□タクト
(tact) 박자, 지휘봉 〈タクトをとる 지휘를 하다〉　□黙る 말없이 있다, 입을 다물다　□捕まえる 붙잡다
□跳ね上がる 튀다, 튀어오르다, 제멋대로 행동하다　□くっつける 붙이다, 달라붙게 하다, 부착시키
다　□しまいは 마침내　□風車 풍차　□ぐるぐる 빙빙 도는 모양, 빙글빙글　□許す 용서하다, 허락
하다　□ようよう 겨우, 간신히, 가까스로 ＝ようやく

すると猫もけろりとして、

「先生、今夜の演奏はどうかしてますね。」と言いました。

セロ弾きはまたぐっとしゃくにさわりましたが、何気ない

ふうで巻きたばこを一本出して口にくわえそれからマッチを

一本とって、

「どうだい。具合を悪くしないかい。舌を出してごらん。」

猫はばかにしたように尖った長い舌をベロリと出しました。

「ははあ、少し荒れたね。」セロ弾きは言いながらいきなり

マッチを舌でシュッとすって自分のたばこへつけました。さ

あ猫は驚いたの何の舌を風車のように振り回しながら入り口

の扉へ行って頭でどんとぶっつかってはよろよろとしてまた

戻ってきてどんとぶっつかってはよろよろまた戻ってきてま

たぶっつかってはよろよろ逃げ道をこさえようとしました。

□けろりと 천연스럽게 언제 그랬냐는 듯이, 씻은 듯이　□ぐっと 훨씬, 한층, 뭉클　□何気ない 아무
렇지도 않다, 무심하다　□巻きたばこ 잎담배, 궐련　□〜だい 〜야?〈의문을 나타내는 말에 붙어 친근
하고 부드럽게 물어볼 때 씀〉　□〜かい 〜니?, 〜냐?〈질문의 뜻을 강조함〉　□ばかにする 업신여기다,
깔보다　□尖る 뾰족해지다　□ベロリ(と) 혀를 내밀거나 핥는 모양, 날름, 할짝　□荒れる 거칠어지다,
사나워지다, 가슬가슬해지다　□〜の何の 너무 〜해서〈大学の学費が高いの何の、びっくりした 대학 학
비가 너무 비싸 깜짝 놀랐다〉　□振り回す 휘두르다　□ぶっつかる 부딪치다, 충돌하다〈ぶつかる의 힘
줌말〉　□よろよろ 비틀거리거나 휘청거리는 모양, 비틀비틀, 비칠비칠　□逃げ道 도망갈 수 있는 길
이나 방향, 책임을 피하는 방법　□こさえる 만들다, 준비하다〈こしらえる의 방언〉

ゴーシュはしばらく面白そうに見ていましたが、

「出してやるよ。もう来るなよ。ばか。」

セロ弾きは扉を開けて猫が風のように萱の中を走っていくのを見てちょっと笑いました。それから、やっとせいせいしたというようにぐっすり眠りました。

次の晩もゴーシュがまた黒いセロの包みを担いで帰ってきました。そして水をごくごく飲むとそっくり夕べのとおりぐんぐんセロを弾きはじめました。十二時は間もなく過ぎ一時も過ぎ二時も過ぎてもゴーシュはまだやめませんでした。それからもう何時だかも分からず弾いているかも分からずごうごうやっていますと誰か屋根裏をこっこっと叩くものがあります。

「猫、まだこりないのか。」

□萱 억새　□せいせい 걱정·불쾌한 일이 없어져 개운함　□ぐっすり 깊이 잠든 모양, 푹　□担ぐ 메다, 짊어지다　□そっくり 그대로, 전부, 몽땅　■〜とおり(に) (동사 기본형·た형, 명사の+とおり|명사+どおり) ~대로〈今日は予報通り雨が降っている 오늘은 예보 대로 비가 내리고 있다〉　□ぐんぐん 힘차게 진행하거나 성장하는 모양, 부쩍부쩍, 쭉쭉　□間もなく 머지않아, 이윽고　□屋根裏 지붕과 천장 사이, 지붕의 안쪽　□こっこっ 문을 두드리는 소리, 똑똑　□こりる 질리다, 넌더리 나다

ゴーシュが叫びますといきなり天井の穴からぼろんと音が
して一匹の灰色の鳥が降りてきました。床へとまったのを見
るとそれはかっこうでした。

「鳥まで来るなんて。何の用だ。」ゴーシュが言いました。

「音楽を教わりたいのです。」

かっこう鳥はすまして言いました。

□天井 천장　□ぼろんと 후두둑, 투둑　□灰色 잿빛　□かっこう 뻐꾸기　□教わる 가르침을 받다,
배우다

　ゴーシュは笑って、

　「音楽だと。お前の歌は、かっこう、かっこうというだけじゃあないか。」

　するとかっこうがたいへんまじめに、

　「ええ、それなんです。けれども難しいですからねえ。」と言いました。

　「難しいもんか。お前たちのはたくさん鳴くのがひどいだけで、鳴きようは何でもないじゃないか。」

　「ところがそれがひどいんです。例えばかっこうとこう鳴くのとかっこうとこう鳴くのでは聞いていてもよほど違うでしょう。」

　「違わないね。」

「ではあなたには分からないんです。私らの仲間ならかっこうと一万言えば一万みんな違うんです。」

「勝手だよ。そんなに分かっているなら何もおれのところへ来なくてもいいではないか。」

「ところが私はドレミファを正確にやりたいんです。」

「ドレミファもくそもあるか。」

「ええ、外国へ行く前にぜひ一度要るんです。」

「外国もくそもあるか。」

「先生どうかドレミファを教えてください。私はついて歌いますから。」

「うるさいなあ。そら三べんだけ弾いてやるから済んだらさっさと帰るんだぞ。」

　ゴーシュはセロを取り上げてボロンボロンと糸を合わせて
ドレミファソラシドと弾きました。するとかっこうは慌てて
羽をばたばたしました。
　「違います、違います。そんなんでないんです。」
　「うるさいなあ。ではお前やってごらん。」
　「こうですよ。」かっこうは体を前に曲げてしばらく構えて
から、
　「かっこう。」と一つ鳴きました。
　「何だい。それがドレミファかい。お前たちには、それで
はドレミファも第六交響楽も同じなんだな。」
　「それは違います。」
　「どう違うんだ。」

□取り上げる 집어 들다　□ぼろん(と) 현악기의 현을 튕겨 나는 소리, 퉁퉁, 통통　□羽 날개　□ば
たばた 새가 날갯짓을 하거나 사람이 손발을 바쁘게 움직여 내는 소리, 푸드득, 파닥파닥, 둥둥　□**構え
る** 자세를 취하다, 태세를 갖추다

「難しいのはこれをたくさん続けたのがあるんです。」

「つまりこうだろう。」セロ弾きはまたセロをとって、かっこうかっこうかっこうかっこうかっこうとつづけて弾きました。

するとかっこうはたいへん喜んで、途中からかっこうかっこうかっこうかっこうとついて叫びました。それももう一生懸命体を曲げていつまでも叫ぶのです。

ゴーシュはとうとう手が痛くなって、

「こら、いい加減にしないか。」と言いながらやめました。するとかっこうは残念そうに目をつりあげてまだしばらく鳴いていましたがやっと、

「……かっこうかくうかっかっかっかっか。」と言ってやめました。

　ゴーシュがすっかり怒ってしまって、

「こら、鳥、もう用が済んだら帰れ。」と言いました。

「どうかもういっぺん弾いてください。あなたのはいいようだけれども少し違うんです。」

「何だと、おれがきさまに教わってるんではないんだぞ。帰らんか。」

「どうか、たったもういっぺんお願いです。どうか。」かっこうは頭を何べんもこんこん下げました。

「ではこれっきりだよ。」

　ゴーシュは弓を構えました。かっこうは、「くっ。」と一つ息をして、

「ではなるべく長くお願いいたします。」と言ってまた一つお辞儀をしました。

□いっぺん 한 번, 1회　□帰らんか 가지 않는가 〈=帰らないか, ん은 부정을 나타내는 조동사 ぬ가 변한말〉　□たった 다만, 단지, 오직　□こんこん 꾸벅꾸벅　□下げる 낮추다, 숙이다　□これっきり 이것뿐, 이것만 〈これきり의 힘줌말 | 〜きり (앞의 말을 한정함) 〜만, 〜뿐 | 一回きりの人生、悔(く)いが残らないように生きていきたい 한 번뿐인 인생, 후회가 남지 않도록 살아 가고 싶다〉　□弓 활　□息をする 숨을 쉬다　□なるべく 되도록, 가능한 한

　「いやになっちまうなあ。」ゴーシュは苦笑いしながら弾き
はじめました。するとかっこうはまたまるで本気になって、
「かっこうかっこうかっこう。」と体を曲げて実に一生懸命叫
びました。ゴーシュは初めはむしゃくしゃしていましたが、
いつまでも続けて弾いているうちにふっと何だかこれは鳥の
方が本当のドレミファにはまっているかなという気がしてき
ました。どうも弾けば弾くほどかっこうの方がいいような気
がするのでした。

　「えいこんなばかなことしていたらおれは鳥になってしま
うんじゃないか。」とゴーシュはいきなりぴたりとセロをやめ
ました。

□苦笑いする 쓴웃음을 짓다　□本気になる 진지해지다　□実に 실로, 참으로, 매우, 아주　■～うち
に (동사 기본형·ている형, 형용사 기본형, な형용사な, 명사の에 붙어) ~(하는) 사이에, ~동안에〈三味線
(しゃみせん)を習ううちに、日本の文化にもずいぶん詳(くわ)しくなった 샤미센을 배우는 동안에 일본문화
도 상당히 많이 알게 되었다〉　□ふっと 문득〈ふとの 힘줌말〉　□何だか 어쩐지, 웬일인지　□はまる
(조건 등에) 꼭 맞다, 들어맞다

　するとかっこうはどしんと頭を叩かれたようにふらふらっとしてそれからまたさっきのように、「かっこうかっこうかっこうかっかっかっかっかっ。」と言ってやめました。それから恨めしそうにゴーシュを見て、

　「なぜやめたんですか。ぼくらならどんな意気地ないやつでも喉から血が出るまでは叫ぶんですよ。」と言いました。

　「何を生意気な。こんなばかな真似をいつまでしていられるか。もう出ていけ。見ろ。夜が明けるんじゃないか。」ゴーシュは窓を指さしました。

　東の空がぼうっと銀色になって、そこを真っ黒な雲が北の方へどんどん走っています。

□ どしん(と) 묵직한 것이 쓰러지거나 떨어지거나 부딪치는 모양이나 그 소리, 쿵, 털썩　□ ふらふら 비틀비틀, 휘청휘청　□ 恨めしい 원망스럽다, 한스럽다, 한심스럽다, 유감스럽다　□ 意気地 패기, 의지, 기개 〈意気地なし 패기가 없음, 또는 그런 사람〉　□ 真似 (바보 같은 달갑지 않은)행동, 짓 〈ふざけた真似をするな 되먹지 않은 수작은 그만둬〉　□ 夜が明ける 날이 밝다, 날이 새다　□ 指さす (손가락으로) 가리키다　□ ぼうっと 희미하거나 멍한 모양, 희미하게, 흐릿하게, 멍하게　□ どんどん 점점, 자꾸자꾸, 계속해서

「ではお日様の出るまでどうぞ。もういっぺん。ちょっとですから。」

かっこうはまた頭を下げました。

「黙れっ。いい気になって。このばか鳥め。出ていかんとむしって朝飯に食ってしまうぞ。」ゴーシュはどんと床を踏みました。

するとかっこうはにわかにびっくりしたようにいきなり窓を目掛けて飛び立ちました。そしてガラスに激しく頭をぶっつけてばたっと下へ落ちました。

□いい気になる 혼자 좋아하다, 우쭐해하다　□目掛ける 목표로 하다, 겨냥하다, 노리다　□飛び立つ 날아가다, 날아오르다　□ばたっと 무거운 것이 넘어지거나 떨어질 때 나는 소리, 쿵, 털썩

「何だ、ガラスへばかだなあ。」ゴーシュは慌てて立って窓を開けようとしましたが元来この窓はそんなにいつでもするする開く窓ではありませんでした。ゴーシュが窓の枠をしきりにがたがたしているうちにまたかっこうがばっとぶっつかって下へ落ちました。見ると嘴のつけねから少し血が出ています。

「いま開けてやるから待っていろったら。」ゴーシュがやっと二寸ばかり窓を開けたとき、かっこうは起き上がって何が何でも今度こそというようにじっと窓の向こうの東の空を見つめて、あらん限りの力をこめたふうでぱっと飛び立ちました。

□元来 원래　□するする 미끄러지듯 매끄럽게 움직이는 모양, 스르르, 주르르　□枠 틀, 테두리　□しきりに 자꾸만, 끊임없이, 계속해서　□がたがた 덜커덩덜커덩, 덜컹덜컹　□嘴 부리, (새의) 주둥이　□つけね 사물과 사물이 서로 이어져 붙어 있는 부분〈腕のつけね 어깻죽지〉　□ばっと 쿵, 탁　□〜ったら 〜라니까, 〜다니까〈놀라움·초조함, 또는 짜증스런 마음으로 상대를 나무람〉　□〜寸 〜춘, 〜치〈1寸은 약 3cm임〉　□〜ばかり 〜정도　□起き上がる 일어나다, 일어서다, 일어나 앉다　□何が何でも 무슨 일이 있어도, 기필코　□〜こそ 〜야말로〈강조를 나타냄〉　□じっと 응시하는 모양, 지긋이, 주의 깊게, 자세히　□向こう 맞은편, 건너편, 상대편　□あらん限り 있는 것 모두, 몽땅, 한껏　□力をこめる 힘을 집중시키다

もちろん今度は前よりひどくガラスに突き当たってかっこう
は下へ落ちたましばらく身動きもしませんでした。捕まえ
てドアから飛ばしてやろうとゴーシュが手を出しましたらい
きなりかっこうは目を開いて飛びのきました。そしてまたガ
ラスへ飛びつきそうにするのです。ゴーシュは思わず足を上
げて窓をばっと蹴りました。ガラスは二、三枚ものすごい音
して砕け窓は枠のまま外へ落ちました。そのがらんとなった
窓のあとをかっこうが矢のように外へ飛び出しました。そし
てもうどこまでもどこまでもまっすぐに飛んでいってとうと
う見えなくなってしまいました。ゴーシュはしばらく呆れた
ように外を見ていましたが、そのまま倒れるように部屋のす
みへ転がって眠ってしまいました。

□突き当たる 부딪치다, 충돌하다 ■～まま (동사 た형, 명사の에 붙어) ~한 채, ~한 상태 그대로〈ふ
たを開けたまま5分間弱火（よわび）で煮てください 뚜껑을 연 채로 5분간 약한 불에서 삶아 주세요〉 □身動
き 몸을 움직임 □飛びつく 달려들다, 덤벼들다 □思わず 무의식중에, 엉겁결에, 무심코 그만 □蹴
る 발로 차다 □ものすごい 굉장하다, 요란하다 □砕ける 부서지다, 깨지다 □がらんと 넓은 공
간이 텅 비어 있는 모양, 휑하니, 텅 □矢 화살 □目を開く 눈을 뜨다 □飛び出す 뛰어나가다, 뛰쳐
나가다 □呆れる 어이없다, 기막히다, 질리다 □すみ 구석, 귀퉁이 □転がる 구르다, 넘어지다, 눕다,
드러눕다

　次の晩もゴーシュは夜中過ぎまでセロを弾いて疲れて水を一杯飲んでいますと、また扉をこつこつ叩くものがあります。

　今夜は何が来ても夕べのかっこうのように初めから脅かして追い払ってやろうと思ってコップを持ったまま待ち構えておりますと、扉が少し開いて一匹の狸の子が入ってきました。ゴーシュはそこでその扉をもう少し広く開いておいてどんと足を踏んで、

　「こら、狸、お前は狸汁ということを知っているかっ。」とどなりました。すると狸の子はぼんやりした顔をしてきちんと床へ座ったままどうもわからないというふうに首を曲げて考えていましたが、しばらくたって、

□**脅**かす　위협하다, 협박하다, 겁을 주다　□**追い払う**　쫓아버리다, 내쫓다　□**待ち構える** (준비를 갖추고) 기다리다, 대기하다, 벼르다　□**狸**　너구리　□**狸汁**　너구리탕　□**ぼんやり**　멍하니, 우두커니, 어렴풋이, 멍청히　□**きちんと**　정확하게, 깔끔하게, 단정하게　□**たつ(経つ)** (날짜·시간 등이) 지나가다, 경과하다

「狸汁ってぼく知らない。」と言いました。ゴーシュはその顔を見て思わず吹き出そうとしましたが、まだ無理に怖い顔をして、

「では教えてやろう。狸汁というのはな。お前のような狸をな、キャベジや塩と混ぜてくたくたと煮ておれさまの食うようにしたものだ。」と言いました。すると狸の子はまた不思議そうに、

「だってぼくのお父さんがね、ゴーシュさんはとてもいい人で怖くないから行って習えと言ったよ。」と言いました。そこでゴーシュもとうとう笑い出してしまいました。

「何を習えと言ったんだ。おれは忙しいんじゃないか。それに眠いんだよ。」

狸の子はにわかに勢いがついたように一足前へ出ました。

「ぼくは小太鼓の係りでねえ。セロへ合わせてもらって来いと言われたんだ。」

「どこにも小太鼓がないじゃないか。」

「そら、これ。」狸の子は背中から棒きれを二本出しました。

「それでどうするんだ。」

「ではね、『愉快な馬車屋』を弾いてください。」

「なんだ愉快な馬車屋ってジャズか。」

「ああ、この譜だよ。」狸の子はまた背中から一枚の譜を取り出しました。ゴーシュは手にとって笑い出しました。

「ふう、変な曲だなあ。よし、さあ弾くぞ。お前は小太鼓を叩くのか。」ゴーシュは狸の子がどうするのかと思ってちらちらそっちを見ながら弾きはじめました。

□小太鼓 작은북　□棒きれ 막대기, 나무토막　□愉快 유쾌(함)　□馬車屋 마차꾼　□ジャズ 재즈
□取り出す 꺼내다, 끄집어내다　□変 이상함, 엉뚱함　□よし 알았어, 좋아 〈자신의 결의를 나타냄〉
□ちらちら 힐끔힐끔, 슬쩍슬쩍

　すると狸の子は棒を持ってセロの駒の下のところを拍子を
とってぽんぽん叩きはじめました。それがなかなかうまいの
で弾いているうちにゴーシュはこれは面白いぞと思いました。

　おしまいまで弾いてしまうと狸の子はしばらく首を曲げて
考えました。

　それからやっと考えついたというように言いました。

　「ゴーシュさんはこの二番目の糸を弾くときはきたいに遅
れるねえ。何だか僕がつまずくようになるよ。」

　ゴーシュははっとしました。確かにその糸はどんなに手早
く弾いても少し経ってからでないと音が出ないような気が夕
べからしていたのでした。

　「いや、そうかもしれない。このセロは悪いんだよ。」と
ゴーシュは悲しそうに言いました。すると狸は気の毒そうに
してまたしばらく考えていましたが、

□駒 현악기의 몸통과 현 사이에 끼워 넣어 현을 지지하는 것, 줄받침(bridge)　□拍子をとる 박자나
장단을 맞추다　□ぽんぽん 북 같은 것을 연달아 치는 소리나 그 모양, 통통　□考えつく 생각이 나다,
떠오르다　□きたいに 이상하게, 별나게, 괴상하게　□つまずく 발이 걸려 넘어질 뻔하다　□はっと
갑자기 생각이 미치는 모양, 문득, 퍼뜩　□確かに 확실히, 분명히, 틀림없이　□手早い 재빠르다, 날렵
하다, 잽싸다

「どこが悪いんだろうなあ。ではもういっぺん弾いてくれ
ますか。」

「いいとも弾くよ。」ゴーシュは始めました。狸の子はさっ
きのようにとんとん叩きながら時々頭を曲げてセロに耳をつ
けるようにしました。そしておしまいまで来たときは今夜も
また東がぼうと明るくなっていました。

「あ、夜が明けたぞ。どうもありがとう。」狸の子はたいへ
ん慌てて譜や棒きれを背中へ背負ってゴムテープでぱちんと
とめておじぎを二つ三つすると急いで外へ出ていってしまい
ました。

　ゴーシュはぼんやりしてしばらく夕べの壊れたガラスから
入ってくる風を吸っていましたが、町へ出ていくまで眠って
元気を取り戻そうと急いで寝床へ潜り込みました。

　次の晩もゴーシュは夜通しセロを弾いて明け方近く思わず疲れて楽器を持ったままうとうとしていますと、また誰か扉をこつこつと叩くものがあります。それもまるで聞えるか聞えないかのくらいでしたが毎晩のことなのでゴーシュはすぐ聞きつけて、「お入り。」と言いました。すると戸の隙間から入ってきたのは一匹の野ねずみでした。そしてたいへん小さな子供を連れてちょろちょろとゴーシュの前へ歩いてきました。そのまた野ねずみの子供ときたらまるで消しゴムのくらいしかないのでゴーシュは思わず笑いました。すると野ねずみは何を笑われたろうというようにきょろきょろしながらゴーシュの前に来て、青い栗の実を一つぶ前に置いてちゃんとお辞儀をして言いました。

□夜通し 밤새도록　□明け方 새벽녘, 동틀 녘　□うとうと 조는 모양, 꾸벅꾸벅　■〜か〜ないか 〜듯 〜아닌 듯〈銃(じゅう)をうつかうたないかで緊張感(きんちょうかん)が漂(ただよ)っています 총을 쏠 듯 말듯 긴장감이 감돌고 있습니다〉　□聞きつける 우연히 들어서 알다, 들어서 귀에 익다　□隙間 빈틈　□野ねずみ 들쥐　□連れる 데리고 가다, 데리고 오다　□ちょろちょろ 작은 것이 재빠르게 돌아다니는 모양, 쫄랑쫄랑, 조르르　■〜ときたら 〜로 말할 것 같으면, 〜은(는)〈대상을 특별히 강조해서 말할 때 쓰는데, 주로 불만스러운 일에 많이 씀 | 今年の新入社員ときたら、まったく責任感がない 올 신입사원들은 책임감이라는 것이 전혀 없다〉　□きょろきょろ 주위를 둘러보는 모양, 두리번두리번　□実 열매, 알맹이　□〜つぶ 〜알, 〜개　□ちゃんと 단정하게, 충분히, 틀림없이, 제대로

「先生、この子があんばいが悪くて死にそうでございます
が先生お慈悲に治してやってくださいまし。」

「おれが医者などやれるもんか。」ゴーシュは少しむっとし
て言いました。すると野ねずみのお母さんは下を向いてしば
らく黙っていましたがまた思いきったように言いました。

「先生、それは嘘でございます。先生は毎日あんなに上手
にみんなの病気を治しておいでになるではありませんか。」

「何のことだかわからんね。」

「だって先生、先生のおかげで、うさぎさんのお婆さんも治
りましたし狸さんのお父さんも治りましたしあんな意地悪の
みみずくまで治していただいたのにこの子ばかりお助けをい
ただけないとはあんまり情けないことでございます。」

□慈悲 자비　□〜まし ~하십시오〈ませ보다 스스럼없음〉　□むっとする 화가 나다, 성나다　□思
いきる 결심하다, 각오하다　□意地悪 심술궂음, 심술쟁이　□みみずく 수리부엉이　□情けない 몰
인정하다, 무정하다, 박정하다

　「おいおい、それは何かの間違いだよ。おれはみみずくの病気なんど治してやったことはないからな。もっとも狸の子は夕べ来て楽隊の真似をして行ったがね。ははん。」ゴーシュは呆れてその子ねずみを見下ろして笑いました。

　すると野ねずみのお母さんは泣き出してしまいました。

　「ああこの子はどうせ病気になるならもっと早くなればよかった。さっきまであれくらいごうごうと鳴らしておいでになったのに、病気になるといっしょにぴたっと音がとまってもう後はいくらお願いしても鳴らしてくださらないなんて。なんて不幸せな子供だろう。」

　ゴーシュはびっくりして叫びました。

　「何だと、ぼくがセロを弾けばみみずくやうさぎの病気が治ると。どういうわけだ。それは。」

　野ねずみは目を片手でこすりこすり言いました。

「はい、ここらのものは病気になるとみんな先生のお家の床下に入って治すのでございます。」

「すると治るのか。」

「はい。体中とても血の回りがよくなってたいへんいい気持ちですぐに治る方もあれば家へ帰ってから治る方もあります。」

「ああそうか。おれのセロの音がごうごう響くと、それがあんまの代りになってお前たちの病気が治るというのか。よし。分かったよ。やってやろう。」ゴーシュはちょっとギウギウと糸を合わせてそれからいきなりねずみの子供をつまんでセロの穴から中へ入れてしまいました。

「私も一緒について行きます。どこの病院でもそうですから。」おっかさんの野ねずみは気違いのようになってセロに飛びつきました。

　「お前さんも入るかね。」セロ弾きはおっかさんの野ねずみをセロの穴からくぐらしてやろうとしましたが顔が半分しか入りませんでした。

　野ねずみはばたばたしながら中の子供に叫びました。

　「お前そこはいいかい。落ちるときいつも教えるように足を揃えてうまく落ちたかい。」

　「いい。うまく落ちた。」子供のねずみはまるで蚊のような小さな声でセロの底で返事しました。

　「大丈夫さ。だから泣き声出すなと言うんだ。」ゴーシュはおっかさんのねずみを下に降ろしてそれから弓をとって何とかラプソディとかいうものをごうごうがあがあ弾きました。するとおっかさんのねずみはいかにも心配そうにその音の具合を聞いていましたがとうとうこらえきれなくなったふうで、

□くぐらす (몸을 구부리고) 빠져나가게 하다 ＝くぐらせる　　□揃える 가지런히 하다, 고루 갖추다　□蚊 모기　□泣き声 울음소리　□～な (동사 기본형에 붙어 금지를 나타냄) ~(하지) 마라　□ラプソディ 랩소디, 광시곡 ＝ラプソディー　□いかにも 자못, 정말로, 매우　□具合 상태, 형편　□こらえきれない 끝까지 참고 견디지 못하다〈～きれない (동사 ます형에 붙어) 다 ~할 수 없다, 완전하게 ~할 수 없다〉

　「もうたくさんです。どうか出してやってください。」と言いました。

　「なあんだ、これでいいのか。」ゴーシュはセロを曲げて穴のところに手をあてて待っていましたら間もなく子供のねずみが出てきました。ゴーシュは、黙ってそれを降ろしてやりました。見るとすっかり目をつぶってぶるぶるぶるぶる震えていました。

□手をあてる 손을 대다　□目をつぶる 눈을 감다　□ぶるぶる 떨리는 모양, 부들부들, 벌벌, 와들와들, 덜덜　□震える 떨리다

「どうだったの。いいかい。気分は。」

子供のねずみは少しも返事もしないでまだしばらく目をつぶったままぶるぶるぶるぶる震えていましたがにわかに起き上がって走り出しました。

「ああ、よくなったんだ。ありがとうございます。ありがとうございます。」おっかさんのねずみも一緒に走っていましたが、間もなくゴーシュの前に来てしきりにお辞儀をしながら、

「ありがとうございますありがとうございます。」と十ばか
り言いました。

ゴーシュは何がなかあいそうになって、

「おい、お前たちはパンは食べるのか。」と聞きました。

すると野ねずみはびっくりしたようにきょろきょろ辺りを
見回してから、

「いえ、もうおパンというものは小麦の粉をこねたり蒸し
たりしてこしらえたものでふくふく膨らんでいて美味しいも
のなそうでございますが、そうでなくても私どもはお家の
戸棚へなど参ったこともございませんし、ましてこれくらい
お世話になりながらどうしてそれを運びになんど参れましょ
う。」と言いました。

54

「いや、そのことではないんだ。ただ食べるのかと聞いたんだ。では食べるんだな。ちょっと待てよ。その腹の悪い子供へやるからな。」

　ゴーシュはセロを床へ置いて戸棚からパンを一つまみむしって野ねずみの前へ置きました。

　野ねずみはもうまるでばかのようになって泣いたり笑ったりお辞儀をしたりしてから大事そうにそれをくわえて子供をさきに立てて外へ出ていきました。

　「あああ。ねずみと話するのもなかなか疲れるぞ。」ゴーシュは寝床へどっかり倒れてすぐぐうぐう眠ってしまいました。

　それから六日目の晩でした。金星音楽団の人達は町の公会堂のホールの裏にある控え室へみんなぱっと顔をほてらしてめいめい楽器を持って、ぞろぞろホールの舞台から引き上げてきました。首尾よく第六交響曲を仕上げたのです。ホールでは拍手の音がまだ嵐のように鳴っております。楽長はポケットへ手を突っ込んで拍手なんかどうでもいいというようにのそのそみんなの間を歩き回っていましたが、実はどうして嬉しさでいっぱいなのでした。みんなはたばこをくわえてマッチをすったり楽器をケースへ入れたりしました。

　ホールではまだぱちぱち手が鳴っています。それどころではなくいよいよそれが高くなって何だか怖いような手がつけられないような音になりました。大きな白いリボンを胸につけた司会者が入ってきました。

　「アンコールをやっていますが、何か短いものでも聞かせてやってくださいませんか。」

　すると楽長がきっとなって答えました。「いけませんな。こういう大物のあとへ何を出したってこっちの気の済むようには行くもんではないんです。」

　「では楽長さん出てちょっと挨拶してください。」

　「だめだ。おい、ゴーシュ君、何か出て弾いてやってくれ。」

　「私がですか。」ゴーシュは呆気にとられました。

　「君だ、君だ。」バイオリンの一番の人がいきなり顔を上げて言いました。

「さあ出てゆきたまえ。」楽長が言いました。みんなもセロを無理にゴーシュに持たせて扉を開けるといきなり舞台へゴーシュを押し出してしまいました。ゴーシュがその穴の開いたセロを持って実に困ってしまって舞台へ出るとみんなはそら見ろというように一層ひどく手を叩きました。わあと叫んだものもあるようでした。

「どこまで人をばかにするんだ。よし見ていろ。インドの虎狩りを弾いてやるから。」ゴーシュはすっかり落ち着いて舞台の真ん中へ出ました。

それからあの猫の来たときのようにまるで怒った象のような勢いで虎狩りを弾きました。ところが聴衆はしいんとなって一生懸命聞いています。ゴーシュはどんどん弾きました。猫が切ながってぱちぱち火花を出したところも過ぎました。扉へ体を何べんもぶっつけたところも過ぎました。

　曲が終るとゴーシュはもうみんなの方などは見もせずちょうどその猫のように素早くセロを持って楽屋へ逃げ込みました。すると楽屋では楽長はじめ仲間がみんな火事にでもあった後のように目をじっとしてひっそりと座り込んでいます。ゴーシュはやぶれかぶれだと思ってみんなの間をさっさと歩いていって向こうの長椅子へどっかりと体を降ろして足を組んで座りました。

　するとみんながいっぺんに頭をこっちへ向けてゴーシュを見ましたが、やはりまじめでべつに笑っているようでもありませんでした。

　「今夜は変な晩だなあ。」

　ゴーシュは思いました。ところが楽長が立って言いました。

□素早い 재빠르다, 민첩하다　□逃げ込む 숨다, 도망쳐 들어가다　■～(を)はじめ ～(을) 비롯하여 〈彼は英語をはじめ日本語、中国語まで話せる 그는 영어를 비롯하여 일본어, 중국어까지 할 수 있다〉　□ひっそり 조용히, 가만히　□座り込む 들어가 앉다, 눌러앉다　□やぶれかぶれ 될 대로 되라는 마음, 자포자기의 심정　□足を組む 다리를 꼬다　□向ける 향하다　□べつに 별로, 특별히, 각별히

「ゴーシュ君、よかったぞお、あんな曲だけれどもここでは
みんなかなり本気になって聞いていたぞ。一週間か十日の間
にずいぶん仕上げたなあ。十日前と比べたらまるで赤ん坊と
兵隊だ。やろうと思えばいつでもやれたんじゃないか、君。」

　仲間もみんな立ってきて、「よかったぜ。」とゴーシュに言
いました。

　「いや、体が丈夫だからこんなこともできるよ。普通の人
なら死んでしまうからな。」楽長が向こうで言っていました。

　その晩遅くゴーシュは自分の家へ帰ってきました。

　そしてまた水をがぶがぶ飲みました。それから窓を開けてい
つかかっこうの飛んでいったと思った遠くの空を眺めながら、

　「ああかっこう。あのときはすまなかったなあ。おれは怒
ったんじゃなかったんだ。」と言いました。

なめとこ山の熊

　なめとこ山の熊のことなら面白い。なめとこ山は大きな山だ。淵沢川はなめとこ山から出てくる。なめとこ山は、一年のうちたいていの日は冷たい霧か雲かを吸ったり吐いたりしている。周りもみんな青黒いなまこや海坊主のような山だ。山の中ごろに大きな洞穴ががらんと空いている。そこから淵沢川が、いきなり三百尺ぐらいの滝になって、ひのきや板屋の茂みの中をごうと落ちてくる。

□たいてい 대개, 대체로, 대부분　□霧 안개　□吐く 토하다, 내뱉다, 뿜다　□なまこ 해삼　□海坊主 바다거북　□洞穴 동굴　□〜尺 ~척, ~자 〈길이를 나타내는 단위로, 1척은 약 30.3cm임〉　□滝 폭포　□ひのき 노송나무　□板屋 고로쇠나무 〈板屋楓(いたやかえで)의 준말〉　□茂み 초목이 무성한 곳, 덤불, 수풀　□ごうと 세차게 흐르거나 떨어지는 물소리, 좌아, 좌악

中山街道はこのごろは誰も歩かないから、蕗やいたどりが
いっぱいに生えたり、牛が逃げて登らないように柵を道に立
てたりしているけれども、そこをがさがさ三里ばかり行くと
向こうの方で風が山の頂を通っているような音がする。気
をつけてそっちを見ると、何だかわけのわからない白い細長
いものが山を動いて落ちて煙を立てているのがわかる。それ
がなめとこ山の大空滝だ。そして昔はその辺には熊がごちゃご
ちゃいたそうだ。ほんとうはなめとこ山も熊の胆も私は自分
で見たのではない。人から聞いたり考えたりしたことばかり
だ。間違っているかもしれないけれども私はそう思うのだ。
とにかくなめとこ山の熊の胆は名高いものになっている。

□街道 간선도로　□誰も 아무도　□蕗 머위　□いたどり 감제풀　□生える 나다, 자라다　□柵 울타리　□がさがさ 바싹 마른 것이 스쳐서 나는 소리, 버스럭버스럭, 부스럭부스럭　□～里 ~리 〈일본의 1리는 3.927km로 한국의 약 10리에 해당함〉　□頂 정상, 꼭대기　□細長い 가늘고 길다　□煙を立てる 연기를 피우다　□ごちゃごちゃ 어지러이 뒤섞인 모양, 어수선하게, 너저분하게　□熊の胆 웅담, 곰쓸개　□とにかく 어쨌든, 여하튼　□名高い 유명하다, 고명하다

腹の痛いのにも効けば傷も治る。　鉛の湯*の入り口になめ
とこ山の熊の胆ありという昔からの看板もかかっている。だ
からもう熊はなめとこ山で赤い舌をべろべろ吐いて谷を渡っ
たり熊の子供らが相撲を取とって、おしまいぽかぽか殴り会
ったりしていることは確かだ。熊捕りの名人の淵沢小十郎が
それを片っ端から捕ったのだ。

□〜も〜ば〜も ~도　~하면 ~도 (~한다)　□効く 효과가 있다, 듣다　□看板 간판　□べろべろ 혀로 핥는 모양, 할짝할짝　□相撲をとる 스모를 하다　□ぽかぽか 계속해서 두드리는 소리나 모양, 딱딱, 투닥투닥　□殴り会う 서로 때리고 치고 박다　□名人 명인　□片っぱしから 모조리, 죄다, 닥치는 대로　□捕る 붙잡다, 붙들다

* 鉛の湯　현재도 賢治의 고향인 岩手(いわて) 현 花巻(はなまき) 시에 존재하는 온천이다.

淵沢小十郎はすがめの赤黒いごりごりしたおやじで、胴は
小さな臼ぐらいはあったし、手のひらは北島の毘沙門さんの
病気を治すための手形ぐらい大きく厚かった。小十郎は夏な
ら菩提樹の皮でこさえたけらを着てはむばきを履き、生蕃の
使うような山刀とポルトガル伝来というような大きな重い鉄
砲を持って、たくましい黄色な犬を連れて、なめとこ山から

□すがめ 사시, 애꾸눈 □ごりごり 일을 세게 밀어붙여 관철시키는 모양 □胴 몸통 □臼 절구 □手
のひら 손바닥 □毘沙門 비사문 〈불교의 사천왕 중 하나로, 일본에서는 재복을 가져다주는 신으로 모심〉
□手形 손도장 □菩提樹 보리수 〈동북지방에서는 ぼだいじゅ를 マダ라고 함〉
□こさえる 만들다 〈こしらえる의 방언〉 □けら 도롱이 □はむばき 옛날 여행이
나 산에서 일할 때 짚신 위부터 무릎까지 감싸던 정강이 보호대 □生蕃 정복자의 교화
에 따르지 않는 변방의 원주민 〈원래 대만의 선주민인 고산족(高山族) 중 산지에 살며 한
족(漢族)에 동화하지 않았던 이들을 이르던 말임〉 □山刀 나무꾼이 쓰는 손도끼 비슷
한 날붙이 □伝来 전래 □鉄砲 총, 특히 소총 □たくましい 강인하다, 다부지다

しどけ沢から三つ又からサッカイの山からマミ穴森から白沢から、まるで縦横に歩いた。木がいっぱい生えているから、谷を登っているとまるで青黒いトンネルの中を行くようで、時にはぱっと緑と黄金色に明るくなることもあれば、そこら中が花が咲いたように日光が落ちていることもある。そこを小十郎が、まるで自分の座敷の中を歩いているというふうで、ゆっくりのっしのっしとやって行く。犬は先に立って崖を横ばいに走ったり、ざぶんと水に駆け込んだり、淵ののろのろした気味の悪いとこをもう一生懸命に泳いでやっと向こうの岩に登ると、体をぶるぶるっとして毛を立てて水をふるい落とし、それから鼻をしかめて主人の来るのを待っている。小十郎は膝から上にまるで屏風のような白い波を立てながら、コンパスのように足を抜き差しして口を少し曲げながらやって来る。

　そこであんまりいっぺんに言ってしまって悪いけれども、なめとこ山あたりの熊は小十郎を好きなのだ。その証拠には、熊どもは小十郎がぼちゃぼちゃ谷をこいだり、谷の岸の細い平らないっぱいにあざみなどの生えているとこを通るときは、黙って高いとこから見送っているのだ。木の上から両手で枝に取りついたり崖の上で膝を抱えて座ったりして、面白そうに小十郎を見送っているのだ。まったく熊どもは小十郎の犬さえ好きなようだった。けれどもいくら熊どもだって、すっかり小十郎とぶっつかって、犬がまるで火のついたまりのようになって飛びつき、小十郎が目をまるで変に光らして鉄砲をこっちへ構えることは、あんまり好きではなかった。

□いっぺんに 한 번에, 단번에　□証拠 증거　□ぼちゃぼちゃ 물이 크게 일렁이면서 내는 소리나 모양, 철버덕철버덕, 첨벙첨벙　□こぐ 이리저리 헤치고 나아가다　□岸 물가, 벼랑, 낭떠러지　□平ら 평평함, 납작함　□あざみ 엉겅퀴　□見送る (떠나는 것을) 바라보다, 배웅하다　□取りつく 매달리다, 붙잡다　□抱える 안다, 껴안다　□～だって ～일지라도, ～(이)라도　□ぶっつかる 부딪치다〈ぶつかる의 힘줌말〉　□まり 공　□光らす 빛이 나게 하다, 빛내다　□(鉄砲を)構える 총을 겨누다

そのときはたいていの熊は迷惑そうに手を振ってそんなこと
をされるのを断った。けれども熊もいろいろだから、気の激
しいやつならごうごう吠えて立ち上がって、犬などはまるで
踏みつぶしそうにしながら、小十郎の方へ両手を出してかか
っていく。小十郎はぴったり落ち着いて木を盾にして立ちな
がら、熊の月の輪を目がけてズドンとやるのだった。すると
森までががあっと叫んで熊はどたっと倒れ、赤黒い血をどく
どく吐き鼻をくんくん鳴らして死んでしまうのだった。小十
郎は鉄砲を木へ立てかけて注意深くそばへ寄ってきて、こう
言うのだった。

□振る 흔들다　□断わる 거절하다, 사절하다　□ごうごう 으르렁으르렁　□吠える 짖다, 으르렁거
리다　□立ち上がる 일어서다　□踏みつぶす 밟아서 뭉개다　□かかる(掛かる) 덤벼들다, 공격하다
□ぴったり 빈틈없이 맞은 모양, 꼭, 딱　□盾 방패　□月の輪 반달곰의 가슴에 초승달 모양으로 난 흰
털　□目がける 목표로 하다, 겨냥하다, 노리다　□ズドンと 총 따위를 쏘는 소리, 탕, 꽝　□どたっと
쾅당, 우당탕　□どくどく 액체가 세차게 쏟아져 나오는 모양, 콸콸, 철철　□くんくん 냄새를 맡는 모
양, 킁킁　□立てかける 기대어 세우다　□注意深い 주의 깊다, 신중하다　□寄る 다가가다, 접근하다,
모이다

「熊。おれはてめえを憎くて殺したのでねえんだぞ。おれも商売ならてめえも撃たなけぁならねえ。ほかの罪のねえ仕事していんだが、畑はなし、木はお上のものに決まったし、里へ出ても誰も相手にしねえ。仕方なしに猟師なんぞしるんだ。てめえも熊に生まれたが因果ならおれもこんな商売が因果だ。やい。この次には熊なんぞに生まれなよ。」

　そのときは犬もすっかりしょげ返って目を細くして座っていた。

　何せこの犬ばかりは、小十郎が四十の夏、うち中みんな赤痢にかかってとうとう小十郎の息子とその妻も死んだ中に、ぴんぴんして生きていたのだ。

□てめえ 너, 그대　□憎い 밉다, 얄밉다, 밉살스럽다　□殺す 죽이다　□〜ねえんだ 〜것이 아니다〈〜ないのだ의 방언식 표현〉　□撃つ (총으로) 쏘다, 사격하다　□仕事していんだが〈현대어법에 어긋나는 표현, 현대어법에서는 仕事していいんだが로 표현〉　□〜なけぁならねえ 〜하지 않을 수 없다〈〜なければならない의 방언식 표현〉　□罪 죄　□お上 신분이 높은 사람, 주군, 군주, 주인　□里 마을, 촌락, 시골　□猟師 사냥꾼　□〜なんぞ 〜따위, 〜등 ＝など　□〜しるんだ 〜하고 있는 것이다〈〜しているのだ의 방언식 표현〉　□因果 인과, 업보, 숙명, 팔자　□やい 야, 애　□生まれなよ〈현대어법에 어긋나는 표현, 현대어법에서는 生まれるなよ로 표현〉　□しょげ返る 몹시 기가 죽다, 풀이 죽다　□何せ 어쨌든, 여하튼 ＝何しろ　□うち中 집안 사람 모두　□赤痢にかかる 이질에 걸리다　□ぴんぴん 건강하여 힘이 넘치는 모양, 팔팔, 정정

　それから小十郎はふところからとぎすまされた小刀を出し
て、熊の顎のとこから胸から腹へかけて皮をすうっと裂いて
いくのだった。それから後の景色はぼくは大嫌いだ。けれど
もとにかくおしまい、小十郎が真っ赤な熊の胆を背中の木の
ひつに入れて、血で毛がぼとぼと房になった毛皮を谷で洗っ
てくるくる丸め、背中にしょって、自分もぐんなりしたふう
で谷を下って行くことだけは確かなのだ。

　小十郎はもう熊のことばだってわかるような気がした。
ある年の春早く、山の木がまだ一本も青くならないころ、小
十郎は犬を連れて白沢をずうっと登った。夕方になって小十
郎は、ばっかい沢へ越える峰になった所へ、去年の夏こさえ
た笹小屋へ泊まろうと思って、そこへ登って行った。そした
らどういう加減か小十郎の柄にもなく、登り口を間違ってし
まった。

□ふところ 품, 안주머니　□とぎすます (새파랗게) 잘 갈다　□小刀 창칼, 주머니칼　□すうっと
가볍게 움직이는 모양, 쓱, 쭉　□裂く 찢다, 가르다　□**景色** 풍경, 경치　□ひつ 궤　□ぼとぼと 물
방울이 계속해서 떨어지는 모양, 뚝뚝　□**房** (꽃이나 열매의) 송이　□**毛皮** 모피, 털가죽　□くるくる
긴 것을 몇 겹이나 감는 모양, 친친, 돌돌, 둘둘　□**丸める** 둥글게 하다, 둥글게 뭉치다　□ぐんなり 힘
이 빠진 모양, 털썩, 픽　□ずうっと 오랫동안 계속되는 모양, 줄곧 〈ずっと의 힘줌말〉　□**峯** 산봉우리
□**笹小屋** 조릿대로 만든 오두막집　□**泊る** 묵다, 머물다　□どういう**加減**か 어찌된 영문인지, 어찌된
상황인지　□**柄**にもない 신분·능력·성격에 맞지 않다　□**登り口** 산길의 어귀

　何べんも谷へ降りてまた登り直して、犬もへとへとに疲れ、小十郎も口を横に曲げて息をしながら、半分崩れかかった去年の小屋を見つけた。小十郎がすぐ下に湧水のあったのを思い出して少し山を降りかけたら、驚いたことは母親とやっと一歳になるかならないような子熊と二匹、ちょうど人が額に手をあてて遠くを眺めるといったふうに、淡い六日の月光の中を、向こうの谷をしげしげ見つめているのに会った。小十郎はまるでその二匹の熊の体から後光が射すように思えて、まるで釘付けになったように立ち止まって、そっちを見つめていた。すると子熊が甘えるように言ったのだ。

　「どうしても雪だよ、おっかさん、谷のこっち側だけ白くなっているんだもの。どうしても雪だよ。おっかさん。」

　すると母親の熊はまだしげしげ見つめていたが、やっと言った。

「雪でないよ、あすこへだけ降るはずがないんだもの。」

子熊はまた言った。

「だから溶けないで残ったのでしょう。」

「いいえ、おっかさんはあざみの芽を見に昨日あすこを通ったばかりです。」

小十郎もじっとそっちを見た。

月の光が青白く山の斜面を滑っていた。そこがちょうど銀の鎧のように光っているのだった。しばらくたって子熊が言った。

「雪でなけぁ霜だねえ。きっとそうだ。」

ほんとうに今夜は霜が降るぞ、お月さまの近くで胃*もあんなに青く震えているし、第一お月さまの色だってまるで氷のようだ、小十郎が一人で思った。

「お母さまはわかったよ、あれねえ、ひきざくらの花。」

「なぁんだ、ひきざくらの花だい。ぼく知ってるよ。」

「いいえ、お前まだ見たことありません。」

「知ってるよ、ぼくこの前取ってきたもの。」

「いいえ、あれひきざくらでありません、お前取ってきたのきささげの花でしょう。」

「そうだろうか。」子熊はとぼけたように答えました。

　小十郎はなぜかもう胸がいっぱいになって、もういっぺん向こうの谷の白い雪のような花と、余念なく月光を浴びて立っている母子の熊をちらっと見て、それから音を立てないようにこっそりこっそり戻り始めた。風があっちへ行くな行くなと思いながら、そろそろと小十郎は後退りした。くろもじの木の匂いが、月の明かりといっしょにすうっと射した。

□ひきざくら 목련　□きささげ 개오동나무　□とぼける 시치미를 떼다, 딴청부리다　□胸がいっぱいになる 가슴이 벅차 오르다　□余念なく 여념 없이, 한결같이　□浴びる (먼지·햇볕 등을) 쓰다, 쐬다, 쬐다　□ちらっと 언뜻, 잠깐, 흘끗　□こっそり 몰래, 살짝　□そろそろ 천천히, 슬슬　□後退りする 뒷걸음질 치다　□くろもじの木 조장나무

　ところが、この豪儀な小十郎が町へ熊の皮と胆を売りに行くときの惨めさといったら、まったく気の毒だった。

　町の中ほどに大きな荒物屋があって、笊だの砂糖だの砥石だの金天狗やカメレオン印のたばこだの、それからガラスの蠅とりまで並べていたのだ。小十郎が山のように毛皮をしょってそこの敷居を一足またぐと、店ではまた来たかというように薄笑っているのだった。店の次の間に大きな唐金の火鉢を出して、主人がどっかり座っていた。

　「旦那さん、先ころはどうもありがどうごあんした。」

　あの山では主のような小十郎は、毛皮の荷物を横に降ろしてていねいに敷板に手をついて言うのだった。

　「はあ、どうも、今日は何のご用です。」

　「熊の皮また少し持ってきたます。」

「熊の皮か。この前のもまだあのまましまってあるし、今日ぁまんついいます。」

「旦那さん、そう言わないでどうか買ってくんなさい。安くてもいいます。」

「なんぼ安くても要らないます。」

主人は落ち着き払って、きせるをたんたんと手のひらへ叩くのだ。あの豪気な山の中の主の小十郎は、こう言われるたびにもうまるで心配そうに顔をしかめた。何せ小十郎のとこでは山には栗があったし、後ろのまるで少しの畑からは稗が取れるのではあったが、米などは少しもできず味噌もなかったから、九十になる年寄りと子供ばかりの七人家内に持っていく米は、ごくわずかずつでも要ったのだ。

□しまう 안에 넣다, 간수하다　□まんつ 우선〈まず의 동북지방 방언〉　□いいます 괜찮습니다, 필요 없습니다〈いいです의 방언식 표현〉　□~てくんなさい ~해 주세요 ＝~てください　□なんぼ~ても 아무리 ~해도　□落ち着き払う 몹시 침착하다, 차분하고 여유가 있다, 태연자약하다　□きせる 담뱃대　□たんたんと 탁탁　□豪気 호기, 씩씩하고 호탕함　■~たびに (동사 기본형, 명사의 에 붙어) ~할 때마다〈健康診断のたびに、高血圧(こうけつあつ)が気になる 건강검진을 받을 때마다 고혈압이 신경 쓰인다〉　□稗 피　□家内 집안, 가족, 식구, 아내　□ごく 극히, 지극히, 매우　□わずか 조금, 약간

　里の方のものなら麻も作ったけれども、小十郎のとこで
は、わずか藤つるで編む入れ物の外に、布にするようなもの
は何にもできなかったのだ。小十郎はしばらくたってから、
まるでしわがれたような声で言ったもんだ。

　「旦那さん、お願いだます。どうがなんぼでもいいはんて
買ってくない。」小十郎はそう言いながら改めておじぎさえ
したもんだ。

　主人は黙ってしばらく煙を吐いてから、顔の少しでにかに
か笑うのをそっと隠して言ったもんだ。

　「いいます。置いでお出れ。じゃ、平助、小十郎さんさ二
円あげろじゃ。」

　店の平助が大きな銀貨を四枚小十郎の前へ座って出した。

　小十郎はそれを押しいただくようにして、にかにかしながら

受け取った。それから主人は今度はだんだん機嫌がよくなる。

　「じゃ、おきの、小十郎さんさ一杯あげろ。」

　小十郎はこのころはもう嬉しくてわくわくしている。主人

はゆっくりいろいろ話す。小十郎はかしこまって山のもよう

や何か申し上げている。間もなく台所の方からお膳できたと

知らせる。小十郎は半分辞退するけれども、結局台所のとこ

へ引っぱられてってまたていねいな挨拶をしている。

　間もなく塩引きの鮭の刺し身や、いかの切り込みなどと酒

が一本、黒い小さな膳に載って来る。

　小十郎はちゃんとかしこまってそこへ腰掛けて、いかの切り込みを手の甲に載せてべろりとなめたり、うやうやしく黄色な酒を小さなちょこに注いだりしている。いくら物価の安いときだって熊の毛皮二枚で二円はあんまり安いと誰でも思う。実に安いし、あんまり安いことは小十郎でも知っている。けれどもどうして小十郎は、そんな町の荒物屋なんかへでなしに、ほかの人へどしどし売れないか。それはなぜか、たいていの人にはわからない。けれども日本では狐けん*というものもあって、狐は猟師に負け猟師は旦那に負けると決まっている。ここでは熊は小十郎にやられ、小十郎が旦那にやられる。

□**腰掛ける** 걸터 앉다　□**手の甲** 손등　□**なめる** 핥다　□**うやうやしい** 공손하다, 정중하다　□**ちょこ** 작은 사기 술잔　□**注ぐ** 붓다, 따르다　□**～でなしに** ~가 아닌 ＝～ではなく　□**どしどし** 거리낌 없이, 마구　□**やられる** 당하다, 속다, 지다, 피해를 입다

* **狐けん** 세 사람이 하는 가위바위보놀이와 같은 게임의 일종으로, 양손을 펼쳐 머리에 올려 여우의 귀 모양을 만드는 것이 狐, 양손을 주먹 쥐어 왼손을 앞으로 내밀어 총을 쏘는 자세를 취하는 것이 猟師(りょうし, 사냥꾼), 정좌하고 무릎에 양손을 올리는 것이 庄屋(しょうや, 상인)로, 狐는 猟師에게, 猟師는 庄屋에게, 庄屋는 狐에게 지는 규칙의 놀이이다.

旦那は町のみんなの中にいるからなかなか熊に食われない。けれどもこんな嫌なずるい奴らは、世界がだんだん進歩するとひとりで消えてなくなっていく。ぼくはしばらくの間でも、あんな立派な小十郎が、二度と面も見たくないような嫌な奴にうまくやられることを書いたのが、実にしゃくにさわってたまらない。

　こんなふうだったから、小十郎は熊どもは殺してはいても決してそれを憎んではいなかったのだ。ところがある年の夏、こんなようなおかしなことが起こったのだ。

□ずるい 교활하다, 약삭빠르다　□ひとりで 저절로 〈ひとりでに가 바른 표현임〉　□消える 사라지다, 없어지다　□面 낯, 낯짝, 상판　□しゃくにさわる 부아가 나다, 아니꼽다　■〜てたまらない 〜해서 견딜 수가 없다 〈お腹が痛くてたまらない 배가 아파 견딜 수가 없다〉　□決して〜ない 결코 〜않다　□憎む 미워하다, 싫어하다, 증오하다　□おかしな 이상한, 묘한, 수상한, 재미있는

　小十郎が谷をばちゃばちゃ渡って一つの岩に登ったら、いきなりすぐ前の木に、大きな熊が猫のように背中を丸くしてよじ登っているのを見た。小十郎はすぐ鉄砲を突きつけた。犬はもう大喜びで木の下に行って木の周りを激しく馳せめぐった。

　すると木の上の熊は、しばらくの間、降りて小十郎に飛びかかろうかそのまま撃たれてやろうか思案しているらしかったが、いきなり両手を木から放してどたりと落ちてきたのだ。小十郎は油断なく銃を構えて撃つばかりにして近寄っていったら、熊は両手を上げて叫んだ。

□ばちゃばちゃ 철벅철벅, 찰싹찰싹　□よじ登る 기어오르다　□突きつける 들이대다, 쑥 내밀다
□馳せめぐる 바쁘게 뛰어다니다, 동분서주하다　□飛びかかる 덤벼들다, 대들다　□思案 궁리, 여러
모로 생각함　□放す (잡고 있던 것을) 놓다, 풀어놓다　□どたりと 무거운 물건이 떨어지거나 쓰러질
때 나는 소리나 모습, 쿵, 털썩　□油断 방심, 부주의　□～ばかりに ~하려는 듯이　□近寄る 가까이
가다, 접근하다, 다가가다

「お前は何が欲しくておれを殺すんだ。」

「ああ、おれはお前の毛皮と、胆のほかには何にも要らない。それも町へ持っていってひどく高く売れるというのではないし、ほんとうに気の毒だけれどもやっぱりしかたない。けれどもお前に今ごろそんなことを言われると、もうおれなどは何か栗かしだの実でも食っていて、それで死ぬならおれも死んでもいいような気がするよ。」

「もう二年ばかり待ってくれ、おれも死ぬのはもうかまわないようなもんだけれども、少し残した仕事もあるし、ただ二年だけ待ってくれ。二年目にはおれもお前の家の前でちゃんと死んでいてやるから。毛皮も胃袋もやってしまうから。」

　小十郎は変な気がしてじっと考えて立ってしまいました。熊はそのひまに足裏を全体地面につけてごくゆっくりと歩き出した。小十郎はやっぱりぼんやり立っていた。熊はもう

□しだ 양치식물, 풀고사리　□かまう 상관하다, 개의하다, 마음 쓰다　□胃袋 위장
□足裏 발바닥

小十郎がいきなり後ろから鉄砲を撃ったり決してしないこと
がよくわかってるというふうで、後ろも見ないでゆっくりゆっ
くり歩いていった。そしてその広い赤黒い背中が木の枝の間
から落ちた日光にちらっと光ったとき、小十郎は、う、うと
切なそうにうなって谷を渡って帰りはじめた。

　それからちょうど二年目だったが、ある朝、小十郎があ
んまり風が激しくて木も垣根も倒れたろうと思って外へ出た
ら、ひのきの垣根はいつものように変わりなく、その下の所
に、始終見たことのある赤黒いものが横になっているのでし
た。ちょうど二年目だし、あの熊がやって来るかと少し心配
するようにしていたときでしたから、小十郎はどきっとして
しまいました。そばに寄って見ましたら、ちゃんと、あの、
この前の熊が、口からいっぱいに血を吐いて倒れていた。小
十郎は思わず拝むようにした。

　一月のある日のことだった。小十郎は朝うちを出るとき、今まで言ったことのないことを言った。

　「婆さま、おれも年取ったでばな、今朝まず生まれで初めで水へ入るの嫌んたよな気するじゃ。」

　すると縁側の日向で糸を紡いでいた九十になる小十郎の母は、その見えないような目を上げてちょっと小十郎を見て、何か笑うか泣くかするような顔つきをした。小十郎はわらじを結わえてうんとこさと立ち上がって出かけた。子供らはかわるがわる厩の前から顔を出して「爺さん、早ぐお出や。」と言って笑った。小十郎は真っ青なつるつるした空を見上げてそれから孫たちの方を向いて「行ってくるじゃぃ。」と言った。

　小十郎は真っ白な堅雪の上を、白沢の方へ登って行った。

　犬はもう息をはあはあし、赤い舌を出しながら走っては止まり走っては止まりして行った。間もなく小十郎の影は丘の向こうへ沈んで見えなくなってしまい、子供らは稗のわらで藤つき*をして遊んだ。

　小十郎は白沢の岸を登って行った。水は真っ青に淵になったり、ガラス板を敷いたように凍ったり、つららが何本も何本も数珠のようになってかかったり、そして両岸からは赤と黄色のまゆみの実が、花が咲いたようにのぞいたりした。小十郎は自分と犬との影法師がちらちら光り、樺の幹の影といっしょに雪にかっきり藍色の影になって動くのを見ながら登って行った。

□堅雪 얼어붙어 단단해진 눈　□丘 언덕, 구릉, 작은 산　□沈む 가라앉다, (해·달이) 지다　□わら 짚, 볏짚　□敷く 깔다, 펴다　□凍る 얼다　□つらら 고드름　□数珠 염주　□まゆみ 참빗살나무　□のぞく 내다보이다, 일부분이 밖에 나타나다　□影法師 (사람의) 그림자　□ちらちら 반짝반짝, 깜박깜박　□樺 자작나무　□幹 나무줄기　□かっきり 명확히, 확연히　□藍色 남색, 쪽빛

　白沢から峰を一つ越えたとこに一匹の大きな奴が住んでい
たのを、夏のうちに訪ねておいたのだ。

　小十郎は谷に入ってくる小さな支流を五つ越えて、何べん
も何べんも右から左、左から右へ水を渡って登って行った。
そこに小さな滝があった。小十郎はその滝のすぐ下から長根
の方へかけて登り始めた。雪はあんまりまばゆくて燃えてい
るくらい、小十郎は目がすっかり 紫 の眼鏡をかけたような
気がして登って行った。犬はやっぱりそんな崖でも負けない
というように、たびたび滑りそうになりながら、雪にかじり
ついて登ったのだ。やっと崖を登りきったら、そこはまばら
に栗の木の生えたごくゆるい斜面の平らで、雪はまるで寒水
石というふうにギラギラ光っていたし、周りをずうっと高い
雪の峰がにょきにょき突っ立っていた。

　小十郎がその頂上で休んでいたときだ。いきなり犬が火の
ついたように吠え出した。小十郎がびっくりして後ろを見た
ら、あの夏に目をつけておいた大きな熊が、両足で立ってこ
っちへかかってきたのだ。

　小十郎は落ち着いて足を踏んばって鉄砲を構えた。熊は棒
のような両手をびっこに上げてまっすぐに走って来た。さす
がの小十郎もちょっと顔色を変えた。

　ぴしゃというように鉄砲の音が小十郎に聞こえた。ところ
が熊は少しも倒れないで嵐のように黒く揺らいでやって来た
ようだった。犬がその足もとに噛みついた。と思うと小十郎
はがあんと頭が鳴って、周りが一面真っ青になった。それか
ら遠くでこういうことばを聞いた。

「おお小十郎お前を殺すつもりはなかった。」

もうおれは死んだと小十郎は思った。そしてちらちらちらちら青い星のような光がそこら一面に見えた。

「これが死んだしるしだ。死ぬとき見る火だ。熊ども、許せよ。」と小十郎は思った。それから後の小十郎の心持ちはもう私にはわからない。

とにかくそれから三日目の晩だった。まるで氷の玉のような月が空にかかっていた。雪は青白く明るく、水は燐光をあげた。すばるや参の星が緑や橙にちらちらして、呼吸をするように見えた。

■ ～つもりはない (동사 기본형에 붙어) ~할 마음은 없다, ~할 생각은 없다 〈卒業して5年以内は結婚するつもりはない 졸업하고 5년 이내에는 결혼할 생각이 없다〉 □しるし 표시, 증거, 증표 □心持ち 기분, 심정 □燐光 인광, 빛의 자극이 멎은 뒤에도 계속하여 내는 빛 □すばる 묘성 〈28개 별자리 중 18번째 성단으로, 昴宿(ぼうしゅく)라고도 함〉 □参の星 삼태성 〈오리온좌의 중심부에 위치한 별로, 参宿(しんしゅく)라고도 함〉 □橙 주황색

　その栗の木と白い雪の峰々に囲まれた山の上の平らに、黒い大きなものがたくさん環になって集まって各々黒い影を置き、回々教徒の祈るときのようにじっと雪にひれ伏したまま、いつまでもいつまでも動かなかった。そしてその雪と月の明かりで見ると、いちばん高いとこに、小十郎の死骸が半分座ったようになって置かれていた。

　思いなしか、その死んで凍えてしまった小十郎の顔は、まるで生きてるときのように冴え冴えして、何か笑っているようにさえ見えたのだ。ほんとうにそれらの大きな黒いものは、参の星が天の真ん中に来ても、もっと西へ傾いても、じっと化石したように動かなかった。

紫紺染について
しこんぞめ

盛岡の産物のなかに、紫紺染*というものがあります。
もりおか　さんぶつ　　　　　　　しこんぞめ

これは、紫紺というききょうによく似た草の根を、灰で煮
にくさね　　　はいに

出して染めるのです。
だそ

南部の紫紺染は、昔はたいへん名高いものだったそうで
なんぶ　　　　むかし　　　　なだか

すが、明治になってからは、西洋から安いアニリン色素が
めいじ　　　　　　せいよう　　　　しきそ

□盛岡 岩手(いわて) 현 중부에 위치한 현청 소재지　□産物 산물　□ききょう 도라지　□草の根 풀
뿌리　□灰 재　**□煮出す** (삶거나 끓여서 맛을) 우려내다　□染める 염색하다, 물들이다　**□明治** 메
이지 〈1868년~1912년〉　□アニリン 아닐린 〈빛이나 공기를 쐬면 적갈색으로 변하는 합성물감 원료〉
□色素 색소

> ***** **紫紺染** 원래는 紫根染로, 紫(ムラサキ, 지치) 풀의 뿌리로 하는 자주색 염색을 말한다.

どんどん入ってきましたので、一向はやらなくなってしまいました。それが、ごく近ごろ、また騒ぎだされました。けれどもなにぶん、しばらくすたれていたものですから、製法も染め方も一向わかりませんでした。そこで県工業会の役員たちや、工芸学校の先生は、それについていろいろ調べました。そしてとうとう、すっかり昔のようないいものができるようになって、東京大博覧会へも出ましたし、二等賞も取りました。ここまでは、たいてい誰でも知っています。新聞にも毎日出ていました。

　ところがなかなか、お役人方の苦心は、新聞に出ているくらいのものではありませんでした。その研究中の一つの話です。

　　工芸学校の先生は、まず昔の古い記録に目をつけたのでした。そして図書館の二階で、毎日黄色に古びた写本を調べているうちに、ついにこういういいことを見つけました。

　「一、山男紫紺を売りて酒を買い候事、

　　山男、西根山にて紫紺の根を掘り取り、夕景に至りて、ひそかにご城下（盛岡）へ立ち出で候上、材木町生薬商人近江屋源八に一俵二十五文にて売り候。それより山男、酒屋半之助方へ参り、五合入ほどの瓢箪を差し出し、この中に清酒一斗お入れなされたくと申し候。半之助方小僧、身ぶるえしつつ、酒一斗はとても入りかね候と返答致し候処、山男、まずは

入れなさるべく候と押して申し候。半之助も顔色青ざめ委
細承知と早口に申し候。さて、小僧升をとりて酒を入れ候に、
酒は事もなく入り、ついに正味一斗と相成り候。山男大いに
笑いて二十五文を置き、瓢箪をさげて立ち去り候趣、材木
町総代より御届けこれあり候。」

　これを読んだとき、工芸学校の先生は、机を叩いてこうひ
とりごとを言いました。

　「なるほど、紫紺の職人はみな死んでしまった。生薬屋の
おやじも死んだと。そうしてみるとさしあたり、紫紺につい
ての先輩は、今では山男だけというわけだ。よしよし、一つ
山男を呼び出して、聞いてみよう。」

　　そこで工芸学校の先生は、町の紫紺染研究会の人たちと相

談して、九月六日の午後六時から、内丸西洋軒で山男の招待

会をすることに決めました。そこで工芸学校の先生は、山男

へ宛てて上手な手紙を書きました。山男がその手紙さえ見れ

ば、きっともう出かけてくるようにうまく書いたのです。そ

して桃色の封筒へ入れて、岩手郡西根山、山男殿と上書きを

して、三銭の切手を貼って、スポンと郵便箱へ投げ込みまし

た。

　「ふん。こうさえしてしまえば、あとは向こうへ届こうが

届くまいが、郵便屋の責任だ。」と先生はつぶやきました。

□西洋軒 서양풍으로 지은 건물　□招待 초대　□宛てる (편지나 짐 등을) ~앞으로 보내다　□〜さえ
〜ば ~만 ~하면 〈電話さえしてくれれば怒るつもりはなかった 전화만 해 주면 화낼 생각은 없었다〉　□〜殿
(인명이나 관직명 등에 붙어 경의를 나타냄) ~님, ~귀하 〈현재는 손아랫사람과 사무적 · 공식적인 일에만
쓰임〉　□上書き 우편물 겉에 수취인의 주소 · 성명을 쓰는 일, 또는 그 글자　□〜銭 ~전 〈옛날 일본 화
폐 단위의 하나〉　□貼る 붙이다　□スポンと 한번에 떨어지는 소리나 그 모양, 쏙 ＝すぽっと　□投
げ込む 던져 넣다, 집어넣다　■〜(よ)うが〜まいが (まいは 1그룹동사 기본형, 2그룹동사 ます형에
붙고, する는 するまい・すまい, 来る는 くるまい・くまい 형태로 쓰임) ~든 ~아니든 〈雪が降ろうが
降るまいが、歩いていくのは無理だ 눈이 오든 오지 않든 걸어서 가는 것은 무리다〉　□つぶやく 중얼거리다,
투덜거리다

　　あっはっは。みなさん。とうとう九月六日になりました。

夕方、紫紺染に熱心な人たちが、みんなで二十四人、内丸西洋軒に集まりました。

　もう食堂の支度はすっかりできて、扇風機はぶうぶうまわり、白いテーブル掛けは波を立てます。テーブルの上には、緑や黒の植木の鉢が立派に並び、極上等のパンやバターももう置かれました。台所の方からは、いい匂いがぷんぷんします。みんなは、蚕種取締所設置の運動のことやなにか、いろいろ話し合いましたが、心の中では誰もみんな、山男がほんとうにやって来るかどうかを、たいへん心配していました。もし山男が来なかったら、仕方ないからみんなの懇親会ということにしようと、めいめい考えていました。

　ところが山男が、とうとうやって来ました。ちょうど六時

十五分前に一台の人力車がすうっと西洋軒の玄関にとまりま

した。みんなはそれ来たっと玄関に並んで迎えました。車屋

はまるで真っ赤になって汗を垂らしゆげをほうほうあげなが

ら膝掛けを取りました。するとゆっくりと車から降りてきた

のは黄金色目玉赤面の西根山の山男でした。背中に大きなき

きょうの紋のついた夜具をのっしりと着込んでねずみ色の袋

のような袴をどふっとはいておりました。そして大きな青い

縞の財布を出して、

　「車賃はいくら。」と聞きました。

□人力車 인력거　□すうっと 가볍에 움직이는 모양, 쓱　□車屋 수레, 특히 인력거
를 끄는 사람　□汗を垂らす 땀을 흘리다　□ゆげ 김, 수증기　□ほうほう 바람이
세게 부는 모양, 연기나 수증기가 힘차게 솟아오르는 모양　□膝掛け 무릎 덮개　□赤
面 붉은 얼굴, 불그레한 낮　□紋 무늬　□夜具 침구, 이부자리, 모포　□のっしりと
육중하게, 무겁게　□着込む 겉옷 안에 받쳐 입다, 여러 벌 껴입다, 차려 입다　□袴 일
본 옷의 겉에 입는 아래옷　□どふっと 헐렁하게　□縞 줄무늬　□車賃 차비, 찻삯

　車屋はもう疲れてよろよろ倒れそうになっていましたが、やっとのことでこう言いました。

　「旦那さん。百八十両やってください。車はもうみしみしいっていますし、私はこれから病院へ入ります。」

　すると山男は、

　「うんもっともだ。さあこれだけやろう。つりは酒代だ。」と言いながらいくらだかわけのわからない大きな札を一枚出してすたすた玄関にのぼりました。みんなははあっとおじぎをしました。山男も静かにおじぎを返しながら、

　「いやこんにちは。お招きにあずかりましてたいへん恐縮です。」と言いました。みんなは山男があんまり紳士風で立派なので、すっかり驚いてしまいました。ただ一人その中に

□よろよろ 비틀비틀, 비칠비칠　□やっとのことで 겨우, 가까스로, 어렵사리　□〜両 〜량〈옛날 일본 화폐 단위의 하나〉　□みしみし 삐걱거리는 소리, 삐걱삐걱　□もっとも 지당함, 당연함　□つり 거스름돈　□酒代 술값　□札 지폐　□すたすた 빠른 걸음으로, 총총걸음으로　□招き 초대, 초빙, 초청　□〜にあずかる (남, 특히 윗사람으로부터) 호의적인 배려나 대접을 받다　□恐縮 황송하게 여김, 죄송하게 여김

町外れの本屋の主人がいましたが、山男の無闇にしか爪らし
いのを見て思わずにやりとしました。それは昨日の夕方、顔
の真っ赤な蓑を着た大きな男が来て「知っておくべき日常の
作法。」という本を買っていったのでしたが、山男がその男に
そっくりだったのです。

　とにかくみんなは山男をすぐ食堂に案内しました。そして
一緒に腰掛けました。山男が腰掛けたとき、椅子はがりがり
っと鳴りました。山男は腰掛けると、今度は黄金色の目玉を
据えてじっとパンや塩やバターを見つめました。

　さてだんだん食事が進んで、話もはずみました。

　「いや実際あの辺はひどいところだよ。どうも六百からの
棄権ですからな。」

　なんて言っている人もあり、一方ではそろそろ大切な用談が始まりかけました。

　「ええと、失礼ですが山男さん、あなたはおいくつでいらっしゃいますか。」

　「二十九です。」

　「お若いですな。やはり一年は三百六十五日ですか。」

　「一年は三百六十五日のときも三百六十六日のときもあります。」

　「あなたは普段、どんなものをお上がりになりますか。」

　「さよう。栗の実やわらびや野菜です。」

　「野菜はあなたがお作りになるのですか。」

　「お日様がお作りになるのです。」

□用談 용담, 볼일에 관한 이야기　□始まりかける 시작되다, 시작되려고 하다　□普段 일상, 평소
□さよう 그렇소, 글쎄 ＝そうだ　□栗の実 밤알　□わらび 고사리

「どんなものですか。」

「さよう。みず、ほうな、しどけ、うど、そのほか、しめじ、きんたけなどです。」

「今年はうどのできがどうですか。」

「なかなかいいようですが、少し香りが不足ですな。」

「雨の関係でしょうかな。」

「そうです。しかしどうしてもアスパラガスには叶いませんな。」

「へえ。」

「アスパラガスやちしゃのようなものが、山野に自生するようにならないと、産業もほんとうではありませんな。」

「へえ。ずいぶんなご卓見です。しかしあなたは紫紺のことはよくご存じでしょうな。」

□みず 유채과의 2년생 채소 =みずな　□ほうな 청경채와 비슷한 모양의 ちょうほうな의 준말로 보여짐　□しどけ もみじがさ의 별칭으로, 국화과의 다년초의 일종　□うど 땅두릅　□しめじ 송이과에 속하는 버섯의 일종　□きんたけ 표고버섯의 일종　□**香り** 향기　□アスパラガス 아스파라거스　□**叶う** 대항할 수 있다, 필적하다　□ちしゃ 상추　□**卓見** 탁견

104

　みんなはしいんとなりました。これが今夜の眼目だったの
です。山男はお酒をがぶりと飲んで言いました。

　「しこん、しこんと。はてな。聞いたようなことだが、ど
うもよくわかりません。やはり知らないのですな。」みんなは
がっかりしてしまいました。何だ、紫紺のことも知らない山
男など、一向用はない、こんな奴に酒を飲ませたりしてつま
らないことをした。もうあとはおれたちの懇親会だ、という
つもりでめいめい勝手に飲んで、勝手に食べました。ところ
が山男にはそれがたいへん嬉しかったようでした。しきりに
がぶりがぶりとお酒を飲みました。お魚が出ると丸ごとけろ
りと食べました。野菜が出ると手をふところに入れたまま舌
だけ出してべろりとなめてしまいます。

　そして目を真っ赤にして、「へろれって、へろれって、けろれって、へろれって。」なんて途方もない声で吠えはじめました。さあみんなはだんだん気味悪くなりました。おまけに給仕がテーブルのはじの方で新しいお酒の瓶を抜いたときなどは、山男は手を長く長く伸ばして横から取ってしまってラッパ飲みをはじめましたので、ぶるぶるふるえ出した人もありました。そこで研究会の会長さんは元来おさむらいでしたから考えました。（これはどうもいかん。けしからん。こう乱れてしまっては仕方がない。一つ引きしめてやろう）果物の出たのを合図に会長さんは立ちあがりました。けれども会長さんももうへろへろ酔っていたのです。

□途方もない 얼토당토않다, 사리에 맞지 않다, 터무니없다　□気味悪い 어쩐지 기분 나쁘다, 으스스하고 싫다　□おまけに 게다가, 뿐만 아니라　□給仕 식사나 연회석 등에서 시중을 들거나 또는 그 사람　□はじ 가장자리, 끝, 구석 ＝はし　□伸ばす 늘이다, 펴다　□ラッパ飲み 병째 마심　□いかん 못쓴다, 나쁘다, 안 된다　□けしからん 무례하다, 괘씸하다　□乱れる 흐트러지다, 혼란스러워지다, 어지러워지다　□引きしめる 죄어 매다, 다잡다, 긴장시키다　□合図 신호　□へろへろ 약하고 힘이 없는 모양, 휘청휘청, 비슬비슬　□酔う 술에 취하다

「ええ、ちょっと一言ご挨拶申しあげます。今晩はお客様にはよくおいでくださいました。どうかおゆるりとおくつろぎください。さて現今世界の大勢を見るに実にどうも混乱している。人のものを横合から取るようなことが多い。実に憤慨にたえない。まだ世界は野蛮から抜けない。けしからん。くそっ。ちょっ。」

　会長さんは真っ赤になってどなりました。みんなはびっくりしてぱくぱく会長さんの袖を引っぱって無理に座らせました。
　すると山男は、面倒くさそうにふところから手を出して立ちあがりました。

□ゆるりと 유유히, 편안히, 천천히　□くつろぐ (몸·자세·복장 등을) 편안하게 하다　□現今 현재, 오늘날　□混乱 혼란　□横合 옆쪽, 측면　□憤慨 분개　■～にたえない (감정 등을) 억누를 수가 없다, 참을 수 없다〈まことに感謝にたえません 정말로 감사하지 않을 수 없습니다〉　□野蛮 야만　□くそ 까짓것, 제기랄, 젠장, 빌어먹을　□ちょっ 쳇, 제기랄　□ぱくぱく 입을 몇 번이나 여닫는 모양, 뻐끔뻐끔　□袖 소매　□面倒くさい 아주 귀찮다, 몹시 성가시다, 번거롭기 짝이 없다

「ええ、ちょっと一言ご挨拶を申しあげます。今晩は厚い
おもてなしにあずかりまして千万かたじけなく思います。ど
ういうわけでこんなおもてなしにあずかるのか先刻からしき
りに考えているのです。やはりどうもその先頃おたずねにあ
ずかった紫紺についてのようであります。そうしてみると私
も本気で考え出さなければなりません。そう思って一生懸命
思い出しました。ところが私は子供のとき母が乳がなくて濁
り酒で育ててもらったために、ひどいアルコール中毒なの
であります。お酒を飲まないと物を忘れるので、ちょうどみ
なさまの反対であります。そのためについビールも一本失礼
いたしました。そしてそのおかげでやっと思い出しました。

□もてなし 대접, 대우, 음식 대접　□千万 가지가지, 여러 가지, 여러모로　□かたじけない 고맙다,
감사하다, 송구스럽다　□先刻 아까, 조금 전　□先頃 조금 전, 요전, 일전　□たずね 질문　□本気 본심,
진심　□考え出す 생각해 내다, 궁리해 내다, 생각하기 시작하다　□濁り酒 탁주, 막걸리　□アルコー
ル中毒 알코올중독, 알코올 의존증

あれは現今西根山にはたくさんございます。私のおやじなど
は、始終あれを掘って、町へ来て売ってお酒に替えたとい
う話であります。おやじがどうも近ごろ紫紺も買う人はな
し困ったといってこぼしているのも聞いたことがあります。
それからあれを染めるには何でも黒いしめった土を使うとい
う話も、ぼんやり覚えています。紫紺について私の知って
いるのは、これだけであります。それで何かのご参考になれ
ばまことに幸せです。さて考えてみますと、ありがたい話で
ございます。私のおやじは紫紺の根を掘ってきてお酒と取り
かえましたが、私は紫紺の話をちょっとすれば、こんなに酔
うくらいまでお酒が飲めるのです。そらこんなに酔うくらい
です。」

　山男は赤くなった顔を一つ右手でしごいて席へ座りました。

　みんなはざわざわしました。工芸学校の先生は「黒いしめった土を使うこと。」と手帳へ書いてポケットにしまいました。

　そこでみんなは青いりんごの皮をむきはじめました。山男もむいて食べました。そして実をすっかり食べてから今度はかまどをぱくりと食べました。それからちょっとそばを食べるようなふうにして皮も食べました。工芸学校の先生はちらっとそれを見ましたが、知らないふりをしておりました。

　さてだんだん夜も更けましたので、会長さんが立って、

　「やあ、これで解散だ。諸君めでたしめでたし。ワッハッハ。」

とやって会は終りました。

　そこで山男は顔を真っ赤にして肩をゆすって一度にはしご

だんを四つぐらいずつ飛んで玄関へ降りていきました。

　みんなが見送ろうとあとをついて玄関まで行ったときは山

男はもういませんでした。

　ちょうど七つの森の一番はじめの森に片足をかけたところ

だったのです。

　さて紫紺染が東京大博覧会で二等賞を取るまでにはこんな

苦心もあったというだけのお話であります。

본문 해석

본문과 대조하면서 확인해 보시기 바랍니다.

p.12 고슈는 마을의 활동사진관에서 첼로를 켜는 담당이었습니다. 그러나 그다지 뛰어나지 않다는 평판을 받고 있었습니다. 실은 뛰어나지 않은 정도가 아니라 동료 악사들 중에서 가장 서툴러서 언제나 지휘자에게 질책을 받았습니다.

정오가 조금 지난 뒤 모두 대기실에 둥글게 둘러앉아 이번 마을 음악회에서 발표할 제6교향곡의 연습을 하고 있었습니다.

p.13 트럼펫은 열심히 노래합니다.

바이올린도 두 대가 바람처럼 울리고 있습니다.

클라리넷도 보―보― 하면서 연주에 힘을 더합니다.

고슈도 입을 굳게 다물고 눈을 접시처럼 크게 뜨고서 악보를 들여다보면서 한껏 집중하여 연주하고 있습니다.

갑자기 짝 하고 지휘자가 손뼉을 쳤습니다. 모두 연주를 딱 멈추고 조용히 있었습니다. 지휘자가 호통을 쳤습니다.

"첼로가 늦었어. 토오테테 테테티, 여기서부터 다시. 자!"

모두 지금보다 조금 앞부분에서 다시 시작했습니다. 고슈는 얼굴을 붉히고 이마에 땀을 흘리면서 방금 지적받았던 곳을 겨우 통과했습니다. 휴우 하고 안심하면서 계속해서 연주하고 있는데 지휘자가 또 갑자기 손뼉을 쳤습니다.

p.14 "첼로! 현이 안 맞잖아. 곤란한걸. 내가 자네한테 도레미파까지 가르치고 있을 여유는 없는데 말이야!"

모두가 딱하다는 듯 공연히 자신의 악보를 들여다보거나 자신의 악기를 튕겨 보거나 하고 있습니다. 고슈는 허둥대면서 현을 고쳤습니다. 이것은 실은 고슈도 서툴지만 첼로 또한 너무 낡은 것이었습니다.

"지금 부분 앞 소절부터. 자!"

모두 다시 시작했습니다. 고슈도 입을 오무리고 열심히 합니다. 그리고 이번에는 연주가 제법 진척되었습니다. 괜찮게 가고 있다고 생각하고 있는데 지휘자가 위협하는 듯한 자세로 또다시 짝 하고 손뼉을 쳤습니다. 또야 하고 고슈는 가슴이 두근거렸지만 다행히도 이번에는 다른 사람이었습니다. 고슈는 조금 전 자신이 실수했을 때 모두가 그랬던 것처럼 공연히 자신의 악보에 눈을 가까이대고 무언가를 생각하는 척했습니다.

p.15 　"그럼 바로 다음 부분. 자!"

자, 해보자 하며 막 연주하기 시작했나 싶더니 갑자기 지휘자가 발을 쿵 하고 구르며 호통치기 시작했습니다.

"안 되겠어. 전혀 안 되고 있잖아. 이 부분은 곡의 심장이야. 그걸 이렇게 매끄럽지 못하게 해서야! 제군들. 연주까지 이제 앞으로 열흘밖에 남지 않았어. 음악을 전문으로 하고 있는 우리가 그 편자를 만드는 대장장이나 설탕가게 점원 같은 사람들의 모임에게 져 버리면 도대체 우리의 체면이 뭐가 되겠나? 어이, 고슈군! 자네한테는 안된 이야기지만 말이야. 표정이라는 것이 전혀 안 되어 있어. 분노도 기쁨도, 감정이라는 것이 도무지 표현되질 않아. 게다가 어째서 다른 악기와도 딱 맞추지 못하는 거야. 자네만 늘 풀린 신발끈을 질질 끌며

p.16 　다른 사람의 뒤를 따라 걷는 것 같아, 곤란하다고, 제대로 하지 않으면. 빛나는 우리 금성음악단이 자네 한 사람 때문에 악평을 들어서야, 모두에게도 참으로 미안한 일이잖나. 그럼 오늘 연습은 여기까지 하고, 쉬고 여섯 시에는 정확히 자리로 돌아오도록 해 주게."

모두 고개 숙여 인사를 하고 나서, 담배를 입에 물고 성냥을 긋거나 어딘가로 나가 버렸습니다. 고슈는 그 낡은 상자 같은 첼로를 껴안고 벽 쪽으로 돌아앉아 입을 오무리고 뚝뚝 눈물을 흘렸습니다만, 정신을 가다듬고 지금 연습했던 부분을 혼자서 처음부터 조용히 다시 연주하기 시작했습니다.

p.18 　그날 밤 늦게 고슈는 뭔가 커다란 검은 짐을 짊어지고 자기 집으로 돌아왔습니다. 집이라고 해봤자 그것은 마을 변두리 강가에 있는 부서진 물레방앗간으로, 고슈는 거기에서 혼자 살면서 오전에는 방앗간 주변의 작은 밭에서 토마토 가지를 자르거나 양배추에 있는 벌레를 잡다가 오후가 되면 늘 외출했습니다. 고슈는 집에 들어와서 불을 켜고 아까 메고 온 검은 보따리를 열었습니다. 그것은 별것도 아니었습니다. 저녁 무렵의 그 거칠고 울퉁불퉁한 첼로였습니다. 고슈는 첼로를 마루 위에 살짝 내려놓더니, 갑자기 선반에서 컵을 꺼내 들고 양동이의 물을 벌컥벌컥 들이켰습니다.

p.19 　그리고 나서 머리를 한 번 흔들고 의자에 앉더니 마치 호랑이 같은 기세로 낮에 연습했던 악보를 연주하기 시작했습니다. 악보를 넘기면서 켜다가 곰곰이 생각하고 또 켜고, 열심히 끝까지 가면 또 처음부터 몇 번이고 몇 번이고 붕붕붕붕 계속 연주했습니다.

이미 한밤중도 지나 나중에는 이제 자신이 첼로를 켜고 있는지도 모르는 듯한 상태가 되어 얼굴도 새빨개지고, 눈도 충혈되어 안색이 너무나 무섭게 변해 당장이라도 쓰러질 것처럼 보였습니다.

그때 누군가 똑똑 하고 뒷문을 두드리는 자가 있었습니다.

"호슈 군인가?" 고슈는 잠에서 덜 깬 듯한 목소리로 외쳤습니다. 하지만 쓰윽 하고 문을 밀고 들어온 것은 지금껏 대여섯 번 본 적이 있는 큰 얼룩고양이었습니다.

p.20　고슈의 밭에서 딴 반쯤 익은 토마토를 아주 무겁다는 듯이 들고 와 고슈 앞에 내려놓고 말했습니다.

"에고, 지친다. 운반하기가 상당히 힘들구만."

"뭐라고?" 고슈가 물었습니다.

"이거 선물이에요. 드세요." 얼룩고양이가 말했습니다.

고슈는 낮부터 참았던 짜증을 한꺼번에 호통치며 내뱉었습니다.

"누가 너한테 토마토 같은 거 가져오라고 했어? 무엇보다 내가 너가 가져온 것 따위 먹을 것 같아? 그리고 그 토마토도 내 밭에서 나온 거잖아. 뭐야? 익지도 않은 것을 따고 . 지금까지 토마토 줄기를 갉아 먹고 밟아서 흩뜨린 게 너지? 꺼져 버려. 고양이 녀석."

p.21　그러자 고양이는 어깨를 웅크리고 눈을 가늘게 뜨고 있었습니다만, 입 주위에 히죽히죽 웃음을 지으며 말했습니다.

"선생님, 그렇게 화내시면 몸에 해로워요. 그보다 슈만의 트로메라이를 연주해 보세요. 들어드릴 테니까."

"건방진 소리 하지 마. 고양이 주제에."

첼로 연주가는 화가 나서 이 고양이 녀석을 어떻게 해 줄까 하고 잠시 생각했습니다.

"아니, 사양하실 것 없어요. 자, 어서요. 저는 선생님의 음악을 듣지 않으면 도저히 잠을 잘 수 없어요."

"건방지군. 건방져. 건방져."

p.22　고슈는 얼굴이 아주 시뻘개져서 낮에 지휘자가 한 것처럼 발을 구르고 호통을 쳤습니다만, 갑자기 마음을 바꿔 말했습니다.

"그럼 해 보지."

고슈는 무슨 생각을 했는지 문을 열쇠로 잠그고 창문도 모두 닫아 버리고 나서, 첼로를 꺼내고 등불을 껐습니다. 그러자 밖에서 스무날이 지난 달빛이 방 안으로 반쯤 들어왔습니다.

"무엇을 켜라고?"

"트로메라이, 낭만파 슈만 작곡." 고양이는 입을 닦고는 새침하게 말했습니다.

"그렇군. 트로메라이라는 것이 이런 곡이냐?"

p.23　첼로 연주가는 무슨 생각을 했는지 우선 손수건을 찢어서 자신의 귓구멍에 꽉꽉 채워 넣었습니다. 그리고 나서 마치 폭풍같은 기세로 '인도의 호랑이 사냥'이라는 악보를 연주하기 시작했습니다.

그러자 고양이는 잠시 고개를 기울여 듣고 있다가, 갑자기 눈을 깜빡깜빡거리는가 싶더니 홱 하고 문 쪽으로 물러섰습니다. 그리고 갑자기 쿵 하고 문에 몸을 내던져 부딪쳤습니다만 문은 열리지 않았습니다. 고양이는 '아, 이건 정말 일생일대의 실수를 저질렀어'라는 듯 허둥대기 시작하면서, 눈과 이마에서 번쩍번쩍 불꽃을 내뿜었습니다. 그러자 이번에는 수염과 코에서도 뿜어져 나왔기 때문에 고양이는 간지러운 듯이 잠깐 재채기를 할 듯한 표정을 짓더니, 다시 '아, 이래서는 있을 수 없지'라는 듯이 종종걸음을 치기 시작했습니다. 고슈는 아주 재미있어 하며 점점 기운차게 연주하기 시작했습니다.

p.25　"선생님, 이제 됐습니다. 됐어요. 제발 그만 멈춰 주세요. 앞으로 더 이상 선생님의 연주에 대해 간섭 같은 거 하지 않을 테니까요."

"가만 있어. 지금부터 호랑이를 붙잡는 부분이야."

고양이는 고통스러워하며 뛰어올라 돌아다니기도 하고 벽에 몸을 찰싹 붙이기도 했는데, 벽에 기댄 자리는 한동안 파란 빛을 발했습니다. 마침내 고양이는 마치 풍차처럼 빙글빙글 빙글빙글 고슈 주위를 돌았습니다.

고슈도 조금 어지러워졌기 때문에

"자, 이걸로 용서해 준다."라며 겨우 멈췄습니다.

p.26　그러자 고양이도 언제 그랬냐는 듯 멀쩡하게,

"선생님, 오늘 밤의 연주는 좀 이상하군요."라고 말했습니다.

첼로 연주가는 또 몹시 화가 났습니다만, 아무 일도 없었다는 듯이 잎담배 한 개피를 꺼내 입에 물고 나서 성냥을 하나 들고는,

"어때? 몸 상태는 괜찮아? 혀를 내밀어봐."

고양이는 깔보듯 뾰족하고 긴 혀를 날름 내밀었습니다.

"이런, 좀 거칠어졌구나!" 첼로 연주가는 이렇게 말하면서 갑자기 성냥을 혀에다 슉 하고 그어 자신의 담배에 불을 붙였습니다. 고양이는 너무 놀라 혀를 풍차처럼 휘휘 돌리면서 입구의 문에 가서 머리를 쿵 하고 박고는 비틀비틀 하다가, 또 돌아와서 쿵 하고 박고는 비틀비틀 다시 돌아와서 또 박고는 비틀비틀 도망갈 길을 찾으려고 했습니다.

p.27　고슈는 잠시 재미있는 듯 바라보다가,

"내보내 줄게, 다시는 오지 마라. 멍청한 고양이야."

첼로 연주가는 문을 열어 고양이가 바람처럼 억새풀 사이를 달려가는 것을 보고 살짝 웃었습니다. 그리고 나서 겨우 개운해진 듯 푹 잠들었습니다.

다음 날 밤에도 고슈는 또 검은 첼로 꾸러미를 지고 돌아왔습니다. 그리고 물을 꿀꺽꿀꺽 마시고 어젯밤 하던 대로 똑같이 붕붕 첼로를 켜기 시작했습니다. 금새 밤 열두 시가 지나고, 한 시도 지나고, 두 시도 지났지만 고슈는 아직 멈추지 않았습니다. 그리고 나서 이제 몇 시인지도 모르고, 연주하고 있는지 아닌지도 모르는 상태로 붕붕 연주하고 있자니 누군가 지붕 안을 똑똑 두드리는 자가 있었습니다.

"고양이 녀석, 아직도 안질렸냐?"

p.28　고슈가 외치자 갑자기 천장에 난 구멍에서 후두둑 하고 소리가 나더니 잿빛의 새가 한 마리 내려왔습니다. 마루에 내려앉은 것을 보니 그것은 뻐꾸기였습니다.

"새까지 오다니, 대체 무슨 일이야?" 고슈가 말했습니다.

"음악을 배우고 싶습니다."

뻐꾸기는 새침하게 말했습니다.

p.29　고슈는 웃으며,

"음악이라고? 네가 부르는 노래는 뻐꾹뻐꾹 하는 게 다잖아."

그러자 뻐꾸기가 아주 진지하게,

"네, 그래요. 하지만 어려우니까요."라고 말했습니다.

"어려울게 뭐있어. 너희들 노래는 많이 우는 게 힘들 뿐이지, 우는 법은 아무것도 아니잖아!"

"그런데 그게 어려워요. 예를 들어, 뻐꾹 하고 이렇게 우는 거 하고 뻐어꾹 하고 이렇게 우는 건 듣기에도 무척 다르잖아요."

“다르지 않아.”

p.30 “그럼 당신이 모르는 거예요. 우리들 뻐꾸기 세계에서는 뻐꾹 하고 만 번 울
면 만 번 모두 달라요.”

“멋대로 생각하는구나. 그렇게 잘 알고 있다면 굳이 나한테 오지 않아도 될 거 아냐?”

“그렇지만 저는 도레미파를 정확하게 하고 싶어요.”

“도레미파 좋아하네.”

“네, 외국에 가기 전에 꼭 한 번 필요하지요.”

“외국 좋아하네.”

“선생님 제발 도레미파를 가르쳐 주세요. 저는 따라서 부를 테니까요.”

“귀찮아. 그럼, 세 번만 켜줄 테니 끝나면 바로 돌아가는 거야.”

p.31 고수는 첼로를 집어 들고 퉁퉁 하며 현을 맞추고 도레미파솔라시도를 켰습니
다. 그러자 뻐꾸기는 당황해 하며 날개를 파닥거렸습니다.

“아니에요, 아니에요. 그게 아니에요.”

“시끄럽네. 그럼 네가 해 봐.”

“이거예요.” 뻐꾸기는 몸을 앞으로 굽혀 잠시 자세를 취하고 나서는,

“뻐꾹.” 하고 한 번 울었습니다.

“뭐야? 그게 도레미파냐? 그렇다면 너희들한테는 도레미파도 제6교향악도 모두 같
겠구나.”

“그건 다릅니다.”

“어떻게 다른데?”

p.33 “어려운 건 이것을 여러 번 반복하는 것이에요.”

“결국 이런 거지?” 첼로 연주가는 다시 첼로를 잡고, 뻐꾹뻐꾹뻐꾹뻐꾹뻐꾹 하고 계
속 연주했습니다.

그러자 뻐꾸기는 매우 기뻐하며 도중에 뻐꾹뻐꾹뻐꾹뻐꾹 하고 따라서 외쳤습니다.
그것도 매우 열심히 몸을 구부려 계속해서 외치는 것입니다.

고수는 마침내 손이 아파 와,

“이봐, 적당히 하지 그래!”라며 연주를 멈췄습니다. 그러자 뻐꾸기는 아쉬운 듯이 눈
을 치켜올리고 얼마 동안 계속 울다가 겨우,

‘……뻐꾹뻐어꾹꾹꾹꾹꾹’ 하며 멈췄습니다.

p.34 고슈가 너무 화가 나서,

"이봐, 뻐꾸기, 이제 용무가 끝났으면 돌아가."라고 말했습니다.

"제발 다시 한 번 연주해 주세요. 당신의 소리는 좋은 것 같지만 조금 달라요."

"뭐라고? 내가 네 녀석한테 배우고 있는 게 아니란 말이야. 돌아가지 않을거야?"

"제발, 딱 한 번 더 부탁드립니다. 제발." 뻐꾸기는 머리를 몇 번이나 꾸벅꾸벅 숙였습니다.

"그럼 이게 마지막이다."

고슈는 활을 쥐었습니다. 뻐꾸기는 쿡 하고 숨을 한 번 쉬고,

"그럼, 되도록 길게 부탁드립니다."라며 다시 한 번 고개를 숙였습니다.

p.35 "지겨워." 고슈는 쓴웃음을 지으며 연주하기 시작했습니다. 그러자 뻐꾸기는 다시 진지해져서 "뻐꾹뻐꾹뻐꾹." 하고 몸을 굽혀 정말 열심히 외쳤습니다. 고슈는 처음엔 짜증이 났습니다만, 계속 연주하고 있는 동안에 문득 '어쩐지 이거 뻐꾸기 쪽이 진짜 도레미파 음에 꼭 맞는 소리를 내는 거 아니야' 하는 생각이 들었습니다. 아무래도 연주하면 할수록 뻐꾸기 쪽이 나은 듯한 기분이 드는 것이었습니다.

"에잇, 이런 멍청한 짓을 하고 있다가는 내가 새가 되버리는 거 아냐." 하며 고슈는 갑자기 뚝 첼로 연주를 멈췄습니다.

p.36 그러자 뻐꾸기는 쿵 하고 머리를 맞은 듯이 비틀비틀거리더니 다시 조금 전처럼, '뻐꾹뻐꾹뻐어꾹꾹꾹꾹꾹' 하더니 멈췄습니다. 그리고 나서 원망스러운 듯이 고슈를 보며,

"왜 멈추는 겁니까? 뻐꾸기들이라면 아무리 끈기 없는 녀석이라도 목에서 피가 날 때까지는 계속 노래한단 말이에요."라고 말했습니다.

"뭐야, 건방지게. 이런 바보 같은 짓을 언제까지 하고 있으라는 거야? 이제 나가. 봐. 날이 밝아 오잖아." 고슈는 창문을 가리켰습니다.

동쪽 하늘이 희미한 은빛이 되고, 새카만 구름이 그곳을 지나 북쪽으로 점점 흘러가고 있습니다.

p.37 "그럼, 해님이 나올 때까지 해 주세요. 한 번만 더. 잠깐이잖아요."

뻐꾸기는 다시 머리를 숙였습니다

"조용히 해. 잘난 척하기는. 바보 새 주제에. 안 나가면 털을 뽑아서 아침밥으로 먹어 버릴 거야." 고슈는 쿵 하고 마루를 밟았습니다.

그러자 뻐꾸기는 갑자기 깜짝 놀란 듯이 느닷없이 창문을 향해 날아올랐습니다. 그리고 유리창에 머리를 심하게 부딪혀 털썩 하고 아래로 떨어졌습니다.

p.38 "뭐야? 유리창에, 바보구나." 고슈는 얼른 일어나 창문을 열려고 했습니다만, 원래 이 창은 그렇게 언제든 스르륵 열리는 창문이 아니었습니다. 고슈가 계속해서 창틀을 덜컹대고 있는 사이에 다시 뻐꾸기가 쿵 하고 부딪혀 아래로 떨어졌습니다. 보니까 부리 주변에서 피가 조금 나고 있습니다.

"지금 열어줄 테니까 기다리라니까." 고슈가 겨우 6센티미터 정도 창을 열었을 때, 뻐꾸기는 일어나서 기필코 이번에야말로라는 듯 지그시 창문 너머 동쪽 하늘을 바라보고는, 가진 힘을 다해 푸득 하고 날아올랐습니다.

p.40 물론 이번에는 전보다 심하게 유리에 부딪쳐, 뻐꾸기는 아래로 떨어진 채 한동안 몸을 움직이지 않았습니다. 잡아서 문에서 날려 주려고 고슈가 손을 내밀자 갑자기 뻐꾸기가 눈을 뜨고 재빨리 뒤로 물러섰습니다. 그리고 또 유리창으로 달려들 것 같이 하는 것입니다. 고슈는 엉겁결에 발을 들어 창문을 탁 찼습니다. 유리 두세 장이 요란한 소리를 내며 깨지고 창문은 창틀째 밖으로 떨어졌습니다. 그 텅 빈 창 너머로 뻐꾸기는 화살처럼 밖으로 날아갔습니다. 그리고 끝없이 끝없이 곧장 날아가서 이제 결국 보이지 않게 되었습니다. 고슈는 잠시 어이없는 듯 밖을 보다가 그대로 쓰러지 듯 방구석에 누워 잠들어 버렸습니다.

p.41 다음날 밤도 고슈는 한밤중이 지날 때까지 첼로를 켜다가 피곤해서 물을 한 잔 마시고 있는데, 또 문을 똑똑 두드리는 자가 있습니다.

오늘 밤은 누가 와도 어젯밤에 왔던 뻐꾸기처럼 처음부터 겁을 줘서 쫓아 버려야지라고 생각하고는 컵을 든 채 벼르고 있는데, 문이 조금 열리며 아기 너구리 한 마리가 들어왔습니다. 그래서 고슈는 그 문을 조금 더 많이 열어 두고 쿵 하고 발을 구르며,

"이봐, 너구리, 너 너구리탕이라는 걸 알고 있느냐?"라고 소리쳤습니다. 그러자 아기 너구리는 멍한 표정으로 반듯하게 마루에 앉은 채 도저히 모르겠다는 듯이 고개를 숙이고 생각하더니 조금 지나,

p.42 "너구리탕이라는 거, 나 몰라."라고 말했습니다. 고슈는 그 얼굴을 보고 엉겁결에 웃음이 터져 나올 것 같았지만 오히려 억지로 무서운 표정을 지으며,

"그럼 가르쳐 주지. 너구리탕이라는 것은 말야. 너 같은 너구리를 말이야, 양배추랑

소금이랑 섞어서 푹푹 삶아서 이 몸이 먹도록 만든 것이야.”라고 말했습니다. 그러자 아기 너구리는 또 이상하다는 듯이,

　“하지만, 우리 아빠가 말이에요, 고슈 씨는 정말 좋은 사람이라서 무섭지 않으니까 가서 배우라고 했어요.”라고 말했습니다. 그 말에 고슈도 결국 웃음을 터뜨리고 말았습니다.

　“뭘 배우라고 했는데? 나는 바쁘잖니? 게다가 졸려.”

　아기 너구리는 갑자기 기운이 나는 듯 한 발 앞으로 나왔습니다.

p.43　“저는 작은북 담당인데요. 첼로에 맞춰 보고 오라고 했어요.”

　“아무데도 작은북은 없잖아 ?”

　“자, 여기요.” 아기 너구리는 등 뒤에서 나무 막대기를 두 개 꺼냈습니다.

　“그걸로 어떻게 하는데?”

　“그럼, ‘유쾌한 마차꾼’을 연주해 주세요.”

　“뭐야, 유쾌한 마차꾼이라는 건 재즈야?”

　“아, 이 악보예요.” 아기 너구리는 또 등 뒤에서 악보 한 장을 꺼냈습니다. 고슈는 손에 들고 웃기 시작했습니다.

　“흠, 이상한 곡이군. 좋아, 자, 연주한다. 너는 작은북을 칠 거니?” 고슈는 아기 너구리가 어떻게 하는지 싶어 힐끔힐끔 그쪽을 보면서 연주하기 시작했습니다.

p.44　그러자 아기 너구리는 막대기를 들고 첼로의 줄받침 아래 부분을 박자를 맞춰 통통 두드리기 시작했습니다. 그 솜씨가 꽤 훌륭해 고슈는 연주하는 동안에 ‘이거 재밌는데’하고 생각했습니다.

　마지막까지 연주하고 나자, 아기 너구리는 잠시 고개를 숙이고 생각에 잠겼습니다.

　그리고 나서 겨우 생각났다는 듯이 말했습니다.

　“고슈 씨는 이 두 번째 현을 켤 때는 이상하게 늦어요. 왠지 내가 발이 걸려 넘어질 것 같아요.”

　고슈는 깜짝 놀랐습니다. 확실히 그 현은 아무리 재빠르게 켜도 시간이 조금 지나야 소리가 나는 듯한 느낌이 어젯밤부터 들었기 때문입니다.

　“아니, 그럴지도 몰라. 이 첼로는 낡았거든.”이라고 고슈는 우울한 듯이 말했습니다. 그러자 너구리는 안됐다는 표정을 하고 또 잠시 생각을 하더니,

p.46　“어디가 잘못된 것일까? 그럼 한 번 더 켜 주실래요?”

"좋고말고! 켤게." 고슈는 시작했습니다. 아기 너구리는 조금 전처럼 통통 두드리면서 때때로 고개를 숙여 첼로에 귀를 가져다 댔습니다. 그리고 끝 부분까지 연주했을 때는 이 날 밤도 또 동쪽이 훤하게 밝아 있었습니다.

"아, 날이 밝았네. 정말 고마워요." 아기 너구리는 매우 당황하며 악보랑 막대기를 등에 지고 고무줄로 단단히 묶고 나서 절을 두세 번 하고는 서둘러 밖으로 나가 버렸습니다.

고슈는 멍하니 잠시 어젯밤 깨진 유리창으로 들어오는 바람을 들이마시다가, 마을로 외출할 때까지 잠을 자 기운을 회복하려고 서둘러 침대로 기어들어갔습니다.

p.47　다음날 밤에도 고슈는 밤새 첼로를 켜다가 새벽녘 무렵 자신도 모르게 피곤해서 악기를 쥔 채로 꾸벅꾸벅 졸고 있는데, 또 누군가 똑똑 하고 문을 두드리는 자가 있습니다. 그것도 아주 들릴 듯 말 듯 한 정도였지만, 매일 밤 일어나는 일이라서 고슈는 금방 알아차리고 "들어와."라고 말했습니다. 그러자 문틈으로 들어온 것은 들쥐 한 마리였습니다. 그리고 아주 조그만 아기 쥐를 데리고 쪼르르 고슈 앞으로 걸어왔습니다. 게다가 아기 들쥐는 키가 마치 지우개 정도밖에 되지 않아서 고슈는 무심코 웃었습니다. 그러자 들쥐는 무엇 때문에 웃었을까 하는 듯이 두리번두리번거리며 고슈 앞으로 와서, 풋밤 알을 한 개 앞에 놓고 예의 바르게 절을 하고 말했습니다.

p.48　"선생님, 이 아이 건강 상태가 좋지 않아서 죽을 것 같습니다만, 선생님의 자비로 낫게 해 주세요."

"내가 의사라도 된단 말이냐?" 고슈는 조금 발끈해서 말했습니다. 그러자 엄마 들쥐는 고개를 떨어뜨리고 잠시 잠자코 있다가 다시 각오한 듯이 말했습니다.

"선생님, 그것은 거짓말입니다, 선생님은 매일 그렇게 훌륭하게 모두의 병을 고쳐 오시지 않았습니까?"

"무슨 말인지 모르겠구나."

"그러니까 선생님, 선생님 덕분에 토끼 씨의 할머니도 나았고, 너구리 씨의 아버지도 나았고 그 심술궂은 수리부엉이까지 나았는데, 이 애만 도와주시지 않는다니 너무나 무정하시네요."

p.49　"이봐 이봐, 그거 뭔가 잘못 알고 있는 거야. 나는 수리부엉이의 병 같은 건 고쳐준 적이 없으니까 말야. 다만 아기 너구리는 어젯밤 와서 악대 흉내를 내고 갔지만 말야. 하하." 고슈는 기가 막혀 그 아기 쥐를 내려다보며 웃었습니다.

그러자 엄마 들쥐는 울음을 터뜨려 버렸습니다.

"아아, 우리 애는 이왕 병이 나려면 좀 더 빨리 났으면 좋았을 것을. 조금 전까지 그렇게 붕붕 하고 연주하시더니 병이 나자마자 딱 하고 소리가 멎고, 이제 그 후로는 아무리 부탁드려도 연주해 주지 않으신다니, 얼마나 불행한 아이예요."

고슈는 깜짝 놀라서 외쳤습니다.

"뭐라고? 내가 첼로를 켜면 수리부엉이나 토끼의 병이 낫는다고? 어떻게 된 일이야? 그건?"

들쥐는 눈을 한쪽 손으로 계속 문지르며 말했습니다.

p.50 "네, 이 주변 동물은 병이 나면 모두 선생님 집의 마루 밑에 들어가 고친답니다."

"그러면 낫는 거야?"

"네. 몸 안의 혈액 순환이 매우 잘 되서 기분이 아주 좋아져 금방 낫는 분도 있고, 집에 돌아가서 낫는 분도 있습니다."

"아, 그래? 내 첼로 소리가 붕붕 하고 울리면, 그게 안마 역할을 해서 너희들의 병이 낫는다는 말인가? 좋아. 알았어. 해 줄게." 고슈는 잠깐 끼—끼— 하고 현을 맞추고 나서 갑자기 아기 들쥐를 집어서 첼로의 구멍 안으로 넣어 버렸습니다.

"저도 함께 따라가겠습니다. 어느 병원에서도 그러니까요." 엄마 들쥐는 미친 듯이 첼로로 달려들었습니다.

p.51 "너도 들어간다고?" 첼로 연주가는 엄마 들쥐를 첼로의 구멍으로 들어가게 해 주려 했지만 얼굴이 반밖에 들어가지 않았습니다.

들쥐는 바둥거리면서 안에 있는 아이에게 외쳤습니다.

"애야, 거기는 괜찮니? 떨어질 때 항상 가르친 대로 발을 모아서 잘 떨어졌니?"

"응. 잘 떨어졌어." 아기 들쥐는 마치 모기처럼 작은 소리로 첼로 밑바닥에서 대답했습니다.

"괜찮네. 그러니까 우는 소리 내지말라고 하는거야 ." 고슈는 엄마 들쥐를 밑에 내려 놓고 나서 활을 들고 무슨무슨 광시곡이라는 곡을 붕붕방방 연주했습니다. 그러자 엄마 들쥐는 매우 걱정스레 그 음 소리를 듣고 있다가 결국 참을 수 없어졌다는 듯이,

p.52 "이제 됐어요. 제발 꺼내 주세요."라고 했습니다.

"뭐야? 이걸로 된 거야?" 고슈는 첼로를 기울여 구멍 쪽에 손을 대고 기다리자 곧 아

기 들쥐가 나왔습니다. 고슈는 잠자코 아기 들쥐를 내려 줬습니다. 아기 들쥐를 보니 눈을 꼭 감고 부들부들 부들부들 떨고 있었습니다.

p.53 "어땠어? 좋았어? 기분은?"

아기 들쥐는 아무런 대답도 하지 않고 얼마동안 계속 눈을 감은 채 부들부들 부들부들 떨고 있다가 갑자기 일어서서 뛰기 시작했습니다.

"아~, 좋아졌구나. 고맙습니다. 고맙습니다." 엄마 들쥐도 함께 뛰다가, 곧 고슈 앞으로 와서 거듭 절을 하면서,

p.54 "고맙습니다. 고맙습니다."라고 열 번쯤 말했습니다.

고슈는 왠지 가여워져서,

"이봐, 너희들 빵은 먹니?"라고 물었습니다.

그러자 들쥐는 깜짝 놀란 듯 힐끔힐끔 주변을 둘러본 후,

"아니요, 혹시 빵이란 것은 밀가루를 반죽하거나 찌거나 해서 만든 것으로, 폭신폭신하게 부풀어 있어 맛있을 것 같습니다만, 그렇지 않아도 저희는 선생님 댁 붙박이 선반 등에 간 적도 없고, 더구나 이렇게까지 신세를 지면서 어떻게 그것을 가져가거나 할 수 있겠습니까?"하고 말했습니다.

p.55 "아니, 그런 것이 아니야. 단지 먹느냐고 묻는 거야. 그럼 먹는 거지? 잠깐 기다려 봐. 배 아픈 저 아이한테 줄 테니까."

고슈는 첼로를 바닥에 내려놓고 붙박이 선반에서 빵을 한 움큼 뜯어서 들쥐 앞에 놓았습니다.

들쥐는 정말 마치 바보처럼 울다가 웃다가 절을 한 다음, 소중하게 빵을 입에 물고 아이를 앞세워서 밖으로 나갔습니다.

"아아~. 쥐랑 이야기하는 것도 꽤 피곤하구나." 고슈는 침대에 털썩 쓰러져 금새 쿨쿨 잠들어 버렸습니다.

p.56 그리고 나서 엿새째 밤이었습니다. 금성음악단 사람들은 마을 공회당 홀의 무대에서 모두 불그스름하게 상기된 얼굴로 각자 악기를 들고 줄지어 홀 뒤에 있는 대기실로 돌아왔습니다. 순조롭게 제6교향곡의 연주를 끝낸 것입니다. 홀에서는 아직도 박수 소리가 폭풍처럼 울리고 있습니다. 지휘자는 주머니에 손을 찔러 넣고 박수 따위 아랑곳하지 않는다는 듯이 어슬렁어슬렁 연주가들 사이를 걸어다니고 있었습니다만,

사실은 오히려 기쁨으로 가득 차 있었습니다. 단원들은 담배를 물고 성냥을 긋거나 악기를 케이스에 넣거나 했습니다.

홀에서는 아직도 짝짝 박수 소리가 울리고 있습니다. 오히려 박수 소리가 더욱더 커져 왠지 무서운 듯 감당할 수 없을 듯한 소리가 되었습니다. 가슴에 커다란 흰 리본을 단 사회자가 들어왔습니다.

p.57　"앵콜을 청하고 있는데, 뭔가 짧은 곡이라도 들려주시지 않겠습니까?"

그러자 지휘자가 정색하며 대답했습니다. "안 됩니다. 이런 큰 연주 뒤에 어떤 연주를 해도 우리들 마음에 만족스럽지는 않을 것입니다."

"그럼, 지휘자님이 나가셔서 잠깐 인사를 해 주세요."

"안 되겠군. 이봐, 고슈, 나가서 뭔가 연주해 주게."

"제가요?" 고슈는 어안이 벙벙해졌습니다.

"자네야, 자네." 제1바이올린 연주자가 갑자기 고개를 들고 말했습니다.

p.58　"어서, 나가게나." 지휘자가 말했습니다. 모두들 고슈에게 억지로 첼로를 들려 문을 열고 갑자기 무대로 고슈를 밀어내 버렸습니다. 고슈가 그 구멍난 첼로를 들고 무척 난처해하며 무대로 나오자 모두는 '저길 봐'라는 식으로 더욱 세차게 박수를 쳤습니다. 와 하고 외친 사람도 있는 듯했습니다.

"어디까지 사람을 바보 취급할 건데! 좋아, 두고 봐라. '인도의 호랑이 사냥'을 연주해 줄 테니." 고슈는 아주 침착하게 무대 한가운데로 나섰습니다.

그리고 전에 고양이가 왔던 때처럼 마치 성난 코끼리와 같은 기세로 호랑이 사냥을 연주했습니다. 그런데 청중은 쥐 죽은 듯 조용하게 열심히 듣고 있습니다. 고슈는 거침없이 연주했습니다. 고양이가 괴로워서 번쩍번쩍 불꽃을 튀기던 부분도 지났습니다. 문에 몸을 몇 번이나 부딪쳤던 부분도 지났습니다.

p.59　곡이 끝나자 고슈는 이미 청중 쪽은 보지도 않고, 딱 그 고양이처럼 재빨리 첼로를 들고 대기실로 도망쳐 들어갔습니다. 그러자 대기실에서는 지휘자를 비롯해 동료들이 모두 불이라도 나 끄고 난 뒤처럼 눈을 지그시 하고 조용히 앉아 있습니다. 고슈는 될 대로 되라는 심정으로 단원들 사이를 재빨리 걸어가 맞은편의 긴 의자에 털썩 하고 몸을 내려놓고 다리를 꼬고 앉았습니다.

그러자 모두가 일시에 고개를 이쪽으로 돌려 고슈를 보았습니다만, 역시 진지한 표정으로 딱히 비웃고 있는 것 같지도 않았습니다.

"오늘밤은 이상한 밤이야."

고슈는 생각했습니다. 그러자 지휘자가 일어나 말했습니다.

p.60 "고슈, 좋았어. 그저 그런 곡이지만 여기서는 모두 제법 진지하게 듣고 있었네. 일주일인가 열흘 사이에 꽤 좋아졌군. 열흘 전과 비교한다면 마치 아기와 병사야. 자네, 하려고 마음만 먹으면 언제라도 할 수 있지 않았나!"

동료들도 모두 일어나서 "잘했어."라고 고슈에게 말했습니다.

"아니야, 몸이 건강하니까 이런 일도 할 수 있는 거야. 보통 사람이라면 죽고 말았을 거야." 지휘자가 맞은편에서 말했습니다.

그날 밤 늦게 고슈는 자신의 집으로 돌아왔습니다.

그리고 또 물을 벌컥벌컥 마셨습니다. 그리고 나서 창문을 열고 언젠가 뻐꾸기가 날아간 먼 하늘을 바라보면서,

"아, 뻐꾸기야. 그때는 미안했어. 나는 화를 내는 게 아니었어."라고 말했습니다.

～ なめとこ山の熊 나메토코 산의 곰 ～

p.62　나메토코 산의 곰 이야기라면 흥미롭다. 나메토코 산은 커다란 산이다. 후치자와 강은 나메토코 산에서 시작된다. 나메토코 산은 일년 중 대부분의 날을 차가운 안개나 구름을 들이마시거나 내뿜거나 하고 있다. 주변도 전부 검푸른 해삼이나 바다거북이의 형상을 한 산뿐이다. 산 중턱쯤에는 커다란 동굴이 휑하니 뚫려 있다. 그곳에서 후치자와 강이 갑작스레 삼백 자(약 90m) 정도의 폭포가 되어, 노송나무와 고로쇠나무의 덤불 사이를 쏴아 하고 떨어져 내린다.

p.63　요즘 나카야마 간선도로는 지나다니는 이가 아무도 없기 때문에, 머위와 감제풀이 가득 자라기도 하고, 소가 도망쳐 오르지 못하도록 길에 울타리를 세워놓기도 했지만, 거기에서부터 부지런히 3리(약 12km) 정도 나가면, 저편에서 바람이 산꼭대기를 지나가는 듯한 소리가 난다. 주의해서 그곳을 보면 무언가 알 수 없는 가늘고 긴 하얀 것이 산에서 움직이며 떨어져서 연기를 뿜어 내고 있는 것을 알 수 있다. 그것이 나메토코 산의 오조라 폭포다. 그리고 옛날엔 그 주변에 곰들이 엉켜서 살고 있었다고 한다. 사실 나는 나메토코 산도 곰쓸개도 직접 본 것이 아니다. 사람들에게서 소문을

듣거나 나름대로 생각한 것이 전부이다. 사실과 다를 수도 있지만, 나는 그렇게 생각하고 있다. 어쨌든 나메토코 산의 곰쓸개는 명성이 높다.

p.64　　배가 아픈 데에도 듣는가 하면 상처도 치유한다. 나마리 온천 입구에는 예전부터 '나메토코 산의 곰쓸개 있음'이라는 간판도 걸려 있다. 그러니까 일찍이 곰은 나메토코 산에서 빨간 혓바닥을 날름날름 내밀며 계곡을 건너거나, 새끼 곰들이 씨름을 하다가 결국 서로 투닥투닥거리기도 했던 것은 확실하다. 곰사냥의 명인인 후치자와 코쥬로가 그것을 닥치는 대로 잡았던 것이다.

p.65　　후치자와 코쥬로는 사시에 검붉은 피부의 고집스러운 아저씨로, 몸집은 작은 절구만 하고, 손바닥은 병을 고쳐주는 키타지마의 비샤몬 손만큼 크고 두꺼웠다. 코쥬로는 여름이면 보리수 껍데기로 만든 도롱이를 걸치고 정강이 보호대를 차고, 문명을 모르는 산악의 원주민들이나 쓸 것 같은 손도끼와 포르투갈에서 건너온 듯한 커다랗고 무거운 총을 들고선 용맹스런 누런 개를 데리고 나메토코 산에서

p.66　　시도케자와에서 미츠마타에서 삿카이 산에서 마미아나모리에서 시라사와에서, 자유자재로 다녔다. 나무가 무성히 자라 있어서 골짜기를 오르고 있으면 마치 검푸른 터널 속을 지나는 듯 하며, 때로는 갑자기 녹색과 황금색으로 밝아지는 곳이 있는가 하면, 그 주변이 전부 꽃이 핀 것처럼 햇살이 내리쬐는 곳도 있다. 그런 곳을 코쥬로는 흡사 자기 방 안을 걷는 것처럼 천천히 육중한 걸음걸이로 지나간다. 개는 앞장서서 절벽을 옆걸음질로 뛰어다니기도 하고, 물에 풍덩 뛰어들거나, 깊은 못의 물 흐름이 느릿느릿하고 으스스한 기분 나쁜 곳을 아주 열심히 헤엄쳐 겨우 반대편의 바위에 올라서면 몸을 부르르 떨며 털을 세워서 물을 털어 내고서, 코를 찡그리며 주인이 오기를 기다리고 있다. 코쥬로는 무릎 위로 흡사 병풍처럼 흰 파도를 일으키며, 컴퍼스처럼 다리를 넣었다 뺐다 하면서 입을 살짝 오므려 내밀며 다가온다.

p.67　　여기서 너무 갑작스럽게 말해 미안하지만, 나메토코 산 근처에 사는 곰들은 코쥬로를 좋아한다. 그 증거로, 곰들은 코쥬로가 첨벙첨벙 계곡을 건너거나 엉겅퀴가 가득 피어 있는 계곡 물가의 좁고 평평한 곳을 지날 때면 높은 곳에서 조용히 그를 배웅한다. 나무 위에서 앞발로 가지에 매달리거나 절벽 위에서 무릎을 끌어안고 앉아, 재미있다는 듯이 코쥬로를 배웅하는 것이다. 정말로 이 곰들은 코쥬로의 개마저도 좋아하는 것 같았다. 하지만 아무리 코쥬로를 좋아하는 곰들이라도 코쥬로와 정면으로 부

130

덮혀, 개가 마치 불 붙은 공 같이 달려들고, 코쥬로의 눈이 이상한 빛을 내며 곰들에게 총을 조준하는 것은 그다지 좋아하지 않았다.

p.68　　그런 때는 대부분의 곰들은 귀찮다는 듯이 손을 내저으며 그에게 이런 짓을 당하는 것을 거절했다. 하지만 곰들도 제각각이기 때문에, 성격이 불같은 녀석은 으르렁으르렁 짖으며 일어나서는 흡사 개 따위는 밟아서 뭉개버릴 듯이 하면서 코쥬로를 향해 앞발을 내밀며 덤벼든다. 코쥬로는 아주 차분하게 나무를 방패로 삼고 서서는, 곰 가슴에 있는 반달무늬를 겨냥하여 탕 하고 총을 쏘는 것이었다. 그러면 숲마저도 꺄악 비명을 지르고 곰은 꽈당 하고 쓰러져, 검붉은 피를 콸콸 쏟으며 코를 킁킁거리다가 죽어 버리는 것이었다. 코쥬로는 총을 나무에 기대 세워놓고서는 조심스레 곰 옆으로 다가가서는 이렇게 말하는 것이었다.

p.69　　"곰아. 나는 네가 미워서 죽인 게 아냐. 나도 장사를 해야 하니 널 쏠 수밖에 없어. 이런 일 말고 죄를 짓지 않는 다른 일을 하고 싶지만, 밭은 없고 마을의 나무는 죄다 윗사람들 것이고 마을에 나가 봐야 아무도 상대해 주지 않아. 어쩔 수 없어서 사냥꾼 같은 걸 하고 있는 거야. 너도 곰으로 태어난 게 업보라면 나도 이런 장사를 하는 게 업보야. 어이. 이 다음엔 곰 따위로는 태어나지 말거라."
　이때는 개도 완전히 풀이 죽어서는 눈을 가느다랗게 뜨고 앉아 있었다.
　어쨌든 이 개만은 코쥬로가 마흔이 되던 해의 여름, 집안 사람 모두가 이질에 걸려 결국 코쥬로의 아들과 아내가 죽어가는 속에서도 건강하게 살아남았다.

p.70　　그리고 나서 코쥬로는 품에서 잘 갈린 주머니칼을 꺼내서는, 곰의 턱 부분에서부터 가슴, 배에 걸쳐 가죽을 쓱 하고 갈라내는 것이었다. 이 다음 장면은 나는 정말 싫다. 그렇지만 어쨌든 결국에는 코쥬로가 새빨간 곰쓸개를 등에 맨 나무상자에 넣고, 털이 피로 방울방울 송이 진 털가죽을 계곡에서 씻어낸 다음 둘둘 말아 등에 짊어지고, 자기도 지쳤다는 듯이 계곡을 내려가는 것만은 확실하다.

　코쥬로는 벌써 곰의 말까지도 알아들을 수 있다는 생각이 들었다. 어느 해의 이른 봄, 산속의 나무가 아직 한 그루도 녹색을 띄지 않았을 즈음, 코쥬로는 개를 데리고 시라사와를 계속 올랐다. 저녁 즈음이 되어 코쥬로는 밧카이자와로 넘어가는 봉우리 지점에서 작년 여름 만들어 놓은 조릿대 오두막집에서 묵으려고 그곳으로 올라갔다. 그런데 어찌된 일인지 코쥬로답지 않게도 길을 잘못 들어서고 말았다.

p.71 　몇 번이나 계곡으로 내려왔다 다시 오르고 해서, 개도 기진맥진 지칠 대로 지치고 코쥬로도 입을 옆으로 오무려 숨을 쉬어가며, 작년에 지어 놓은 거의 쓰러져 가는 오두막집을 찾아냈다. 코쥬로는 바로 아래쪽에 물이 솟아 나오는 곳이 있었던 것을 생각해 내고선 산을 조금 내려가자, 놀랍게도 엄마 곰과 이제 막 한 살이 되었을까 말까 한 새끼 곰, 이렇게 두 마리가 마치 사람이 이마에 손을 대고 먼곳을 바라보듯이 엷은 엿샛날의 달빛 속에서, 맞은편 계곡을 유심히 바라보고 있는 장면을 목격했다. 코쥬로는 흡사 그 곰 두 마리의 몸에서 후광이 비추는 것 같아 마치 못 박힌 듯 꼼짝도 못하고 멈춰 서서는 곰들을 바라보았다. 그러자 새끼 곰이 응석부리듯이 말했다.

　“아무리 봐도 눈이야, 엄마, 계곡 이쪽편만 하얀걸? 아무리 봐도 눈이야. 엄마.”
　그러자 엄마 곰은 계곡을 계속 주의 깊게 바라보더니 겨우 입을 열었다.

p.72 “눈은 아니란다, 저쪽만 내렸을 리가 없잖아.”
　새끼 곰은 다시 말했다.
　“그러니까 저쪽만 녹지 않고 남아 있는 거겠지.”
　“아니야, 엄마가 엉겅퀴 싹이 났는지 보려고 바로 어제 저쪽을 지나왔었단 말이야.”
　코쥬로도 가만히 그쪽을 보았다.
　달빛이 푸르스름하게 산의 경사면을 미끄러져 내려오고 있었다. 그곳만이 마치 은빛 갑옷처럼 빛나고 있었다. 잠시 후에 새끼 곰이 말했다.
　“눈이 아니면 서리일 거야. 분명 그럴 거야.”
　‘정말로 오늘밤에는 서리가 내릴 거야, 달님 옆에서 위별자리도 저렇게 파랗게 떨고 있고, 무엇보다 달님의 색도 마치 얼음과 같아’라고 코쥬로는 혼자서 생각했다.

p.73 “엄마는 뭔지 알았어. 저건 말이야, 목련꽃이란다.”
　“뭐야, 목련꽃이었어? 나 알아.”
　“아니, 넌 아직 본 적이 없단다.”
　“알아, 나 요전 날 저거 따왔단 말이야.”
　“아니, 그건 목련이 아니란다, 네가 따온 것은 개오동나무의 꽃이잖아.”
　“그랬나?” 새끼 곰은 시치미를 떼며 대답했다.
　코쥬로는 왠지 정말로 가슴이 뭉클해져 다시 한번 계곡 저편에 피어 있는 하얀 눈 같은 꽃과, 한결같이 달빛을 쐬고 서 있는 엄마 곰과 새끼 곰을 슬쩍 보고서는 소리 나지 않게 조용히 돌아섰다. 바람아 저쪽으로는 불지 마라 불지 마라 하며 코쥬로는 서서히 뒷걸음질 쳤다. 조장나무 냄새가 달빛과 함께 쓰윽 풍겨왔다.

p.75　　그런데, 이 호기로운 코쥬로가 마을에 곰 가죽과 쓸개를 팔러 나갈 때의 비참함은 정말 안쓰러울 정도였다.

　마을 중간쯤에 커다란 잡화점이 있는데, 소쿠리라든가 설탕이라든가 숫돌이라든가, 금으로 된 텐구나 카멜레온 표의 담배라든가, 그리고 심지어는 유리로 된 파리채까지 진열되어 있었다. 코쥬로가 모피를 산처럼 등에 지고서는 가게 문턱 안으로 한발 들어서자, 가게에서는 또 왔냐는 듯이 엷은 웃음을 지었다. 가게에 이어진 방에는 커다란 청동화로가 놓여 있고, 주인이 의젓하게 앉아 있었다.

　"나리, 지난 번엔 정말 감사했습니다."

　산에서는 주인과도 같은 코쥬로지만, 털가죽 꾸러미를 옆에 내려놓고서는 깍듯이 바닥에 손을 짚고 말했다.

　"허어, 그래, 오늘은 무슨 용건이오?"

　"또 곰의 가죽을 조금 가져왔습니다."

p.76　　"곰의 가죽이라. 저번에 가져온 것도 아직 그대로 남아 있고, 오늘은 더 필요 없구면."

　"나리, 그러지 마시고 제발 사 주십시오. 싼값이라도 괜찮습니다."

　"아무리 싸도 필요 없소이다."

　주인은 태연하게 담뱃대를 손바닥에 대고 탁탁 쳤다. 호탕한 산의 주인 코쥬로는 그럴 때마다 정말로 아주 난감하다는 듯 얼굴을 찌푸렸다. 어쨌든 코쥬로의 집 근처 산에는 밤이 있고 뒤에 딸린 아주 자그만 밭에서는 피도 수확할 수 있었지만, 쌀 같은 것은 전혀 얻을 길이 없고 된장도 없었기 때문에 아흔 살의 노인과 애들밖에 없는 일곱 명의 가족에게 가져갈 쌀이 아주 조금씩이라도 필요했던 것이다.

p.77　　마을에 사는 사람이라면 삼이라도 재배했겠지만, 코쥬로가 사는 곳에서는 약간의 등나무 넝쿨로 짜는 소쿠리 외에는 천을 만들 수 있는 것은 아무 것도 없었다. 코쥬로는 한참 지나 흡사 목이 쉰 듯한 목소리로 말했다.

　"나리, 부탁입니다. 제발 얼마라도 좋으니 사 주세요." 코쥬로는 그렇게 말하며 새삼 굽실거리기까지 했다.

　주인은 조용히 한참 동안 담배 연기를 내뱉다가, 얼굴에 실실 떠오르는 웃음을 몰래 감추며 말했다.

　"좋소. 놓고 가시구려. 그럼 헤이스케야, 코쥬로 씨에게 2엔 드리렴."

p.78　가게의 헤이스케가 앉아서 커다란 은화 네 장을 코쥬로 앞으로 내밀었다. 코쥬로는 그것을 받아 모시듯하며 실실 웃으며 받아들었다. 그러자 주인은 이제 점점 기분이 좋아진다.

“그럼 오키노, 코쥬로 씨에게 한잔 드리렴.”

코쥬로는 이쯤 되자 너무 기뻐서 가슴이 두근두근거린다. 주인은 천천히 이런저런 얘기를 한다. 코쥬로는 황송해하며 산의 상황이나 그 밖의 이야기를 한다. 얼마 지나지 않아 부엌에서 식사 준비가 다 되었다고 알려온다. 코쥬로는 반사양하지만, 결국 부엌으로 끌려가서는 또 정중한 인사를 한다.

곧 소금에 절인 연어회와 오징어자반 등과 함께 술이 한 병, 검고 작은 밥상에 올려져 나온다.

p.79　코쥬로는 몹시 황송한 모습으로 걸터 앉더니, 오징어자반을 손등에 올리고선 날름날름 핥거나 공손하게 노란 술을 조그만 술잔에 따르거나 한다. 아무리 물가가 싼 때라도 곰 가죽 두 장에 2엔은 누구나 너무 싸다고 생각할 것이다. 실로 싼값이고, 너무 싸게 팔았다는 것은 코쥬로도 알고 있다. 그러나 왜 코쥬로가 그런 마을 잡화점 같은 데가 아니라 다른 사람에게 척척 팔지 않는지. 그게 왜 그런지, 대부분의 사람들은 모른다. 그러나 일본에서는 키츠네켄이라는 놀이가 있는데, 여우는 사냥꾼에게 지고, 사냥꾼은 상인에게 지도록 정해져 있다. 여기서는 곰은 코쥬로에게 당하고, 코쥬로는 가게 주인에게 당한다.

p.80　가게 주인은 마을 안에 살고 있으므로 곰에게 잡아 먹힐 일은 거의 없다. 그러나 이렇게 밉고 교활한 녀석들은 세상이 점점 진보하면 저절로 사라져 없어져 버릴 것이다. 나는 잠깐이라도 저렇게 훌륭한 코쥬로가 두번 다시 낯짝도 보고 싶지 않은 불쾌한 녀석에게 깨끗이 당하는 장면을 썼지만 실로 화가 나 견딜 수가 없다.

이런 식이었기 때문에 코쥬로는 곰들을 죽이고는 있었지만, 결코 미워하지는 않았다. 그런데 어느 해의 여름, 다음과 같은 이상한 일이 일어났다.

p.81　코쥬로가 계곡을 첨벙첨벙 건너 바위 하나에 오르니, 돌연 바로 앞에 있는 나무에 커다란 곰이 고양이처럼 등을 구부리고서 오르고 있었다. 코쥬로는 바로 총을 들이댔다. 개는 아주 기뻐하며 나무 아래로 가 그 주변을 격렬하게 뛰어돌아다녔다.

그러자 나무 위에 있던 곰은 잠시 동안 내려가서 코쥬로에게 덤벼들까 이대로 총에

맞아 줄까 궁리하는 듯하더니, 갑작스레 양손을 나무에서 떼고선 쿵 하고 떨어져 내렸다. 코쥬로는 방심하지 않고 총을 겨누고 쏠 듯이 가까이 다가갔더니, 곰이 앞발을 올리고 외쳤다.

p.82 "너는 뭘 그리 원해서 나를 죽이느냐?"

"아아, 나는 너의 가죽과 쓸개 외에는 아무것도 필요 없어. 그것도 마을에 가져가 아주 비싸게 팔리는 것도 아니고, 정말로 안됐지만, 역시 어쩔 수가 없어. 하지만 지금 너한테 그런 말을 듣고 보니, 이제 나 같은 것 따위는 뭔가 밤이나 고사리 씨라도 먹으면서 그러다가 죽는다면 나는 죽어도 괜찮을 거 같다는 생각이 드는구나."

"2년만 기다려다오. 나도 죽는 것은 이제 신경 쓰지 않지만, 조금 남겨 놓은 일도 있으니 다만 2년만 기다려다오. 2년이 되는 날에 내가 꼭 너의 집 앞에서 죽어 있어 줄 테니. 가죽도 위장도 줘 버릴 테니."

코쥬로는 이상한 기분이 들어 가만히 생각하며 서 있었습니다. 곰은 그사이에 발바닥을 모두 땅에 대고서 아주 천천히 걸어가기 시작했다. 코쥬로는 역시 멍하니 서 있었다. 곰은 이제

p.83 코쥬로가 갑자기 뒤에서 총을 쏘는 일 따위는 절대 하지 않을 것을 알고 있다는 듯이 뒤도 돌아보지 않고 천천히 천천히 걸어갔다. 그리고 그 넓고 검붉은 등이 나뭇가지 사이로 내리쬐는 햇빛에 반짝 빛났을 때, 코쥬로는 우, 우 하고 애절한 듯이 신음하며 계곡을 건너 돌아가기 시작했다.

그리고 나서 딱 2년이 지난 어느 날 아침, 코쥬로가 '바람이 너무 거세게 불어 나무도 울타리도 몽땅 쓰러졌겠지'라며 밖으로 나가 보니, 노송나무 울타리는 여느 때처럼 멀쩡한데 그 아래에 늘 보던 검붉은 것이 누워 있었다. 꼭 2년째 되는 날인데다가 그 곰이 와 줄까 하고 조금 걱정하고 있던 때였는지라, 코쥬로는 깜짝 놀랐습니다. 옆에 다가가 보니 2년 전의 바로 그 곰이 입에서 피를 가득 토하고 쓰러져 있었다. 코쥬로는 저도 모르게 두 손을 모아 절을 했다.

p.85 1월 어느 날의 일이었다. 코쥬로는 아침에 집을 나설 때, 지금까지 말한 적이 없는 소리를 했다.

"어머니, 나도 나이를 먹었나봐, 오늘 아침 태어나서 처음으로 물에 들어가는 게 싫은 기분이 들어."

그러자 툇마루 양지에서 실을 잣고 있던 아흔 살의 코쥬로 어머니는 보이지 않을 것

같은 눈을 들어 코쥬로를 잠시 보고는 웃는지 우는지 알 수 없는 표정을 지었다. 코쥬로는 짚신을 매고서 영차 하며 일어서 나갔다. 아이들은 마구간 앞에서 번갈아 얼굴을 내밀며 "할아버지, 빨리 다녀오세요."라고 말하며 웃었다. 코쥬로는 새파랗게 매끈한 하늘을 올려다보고 나서 손자들 쪽을 향해 "갔다 오마."라고 말했다.

p.86 코쥬로는 단단하게 얼어붙은 새하얀 눈 위를 걸어 시라사와 쪽으로 올라갔다.
　개는 벌써 숨을 헐떡거리고 빨간 혀를 내밀며 달리다가는 멈추고 달리다가는 멈추며 갔다. 얼마 되지 않아 코쥬로의 그림자는 언덕 너머로 사라져 보이지 않게 되었고, 아이들은 피 짚으로 후지츠키를 하며 놀았다.

　코쥬로는 시라사와의 물가로 올라갔다. 물은 새파란 못이 되기도 하고, 유리판을 깔아 놓은 것처럼 얼기도 하고, 고드름이 몇 개씩이나 염주처럼 매달리기도 하고, 그리고 물가 양쪽으로는 빨갛고, 노란색의 참빗살나무 열매가 꽃이 핀 것처럼 보이기도 했다. 코쥬로는 자신과 개의 그림자가 반짝반짝 빛나며, 자작나무 줄기의 그림자와 함께 눈에 명확하게 남색 그림자를 드리우며 움직이는 것을 보면서 올라갔다.

p.87 시라사와에서 봉우리를 하나 넘어간 곳에 커다란 녀석이 한 마리 살고 있는 것을 여름 동안 점찍어 두었던 것이다.
　코쥬로는 계곡에 들어오는 작은 지류를 다섯 개나 건너, 몇 번이고 몇 번이고 오른쪽에서 왼쪽, 왼쪽에서 오른쪽으로 물을 건너 올라갔다. 거기에는 작은 폭포가 있었다. 코쥬로는 그 폭포 바로 아래에서 나가네 쪽으로 올라가기 시작했다. 눈은 너무나 눈부셔 불타오르고 있는 것처럼 느껴질 정도로, 코쥬로는 꼭 보라색 안경을 쓴 것 같은 기분으로 올라가고 있었다. 개는 역시 이 정도 절벽에도 지지 않겠다는 듯 가끔 미끄러질 뻔하면서도 눈에 엉겨붙어가며 올라갔다. 겨우 절벽을 다 오르고 보니 그곳은 드문드문 밤나무가 자라 있는 아주 완만한 경사로 평평했고, 눈은 마치 흰 대리석처럼 번쩍번쩍 빛나고 있었으며, 주변에는 훨씬 높다란 눈 봉우리가 쭉쭉 솟아 있었다.

p.88 코쥬로가 그 정상에서 쉬고 있을 때였다. 갑자기 개가 불이라도 붙은 듯이 짖어대기 시작했다. 코쥬로가 깜짝 놀라 뒤를 돌아보니 여름에 눈여겨봐 두었던 커다란 곰이 두 발로 서서 이쪽으로 달려들고 있었다.
　코쥬로는 차분히 다리를 벌려 힘을 주고 총을 겨누었다. 곰은 막대기 같은 앞발을 짝작이로 올리고선 곧장 달려왔다. 아무리 코쥬로라도 안색이 살짝 바뀌었다.

136

탕 하는 총소리가 코쥬로에게 들려왔다. 그런데도 곰은 전혀 쓰러지지 않고 폭풍우같이 검게 흔들리며 달려드는 듯했다. 개가 다리를 물고 늘어졌다. 그런 생각이 든 순간 코쥬로는 터엉 하고 머리가 울리며 주변이 온통 새파래졌다. 그리고 멀리서 이런 말이 들려왔다.

p.89 "오오, 코쥬로, 너를 죽일 생각은 없었다."

코쥬로는 이미 자신은 죽었다고 생각했다. 그리고 반짝반짝 반짝반짝 파란 별 같은 빛이 사방에서 보였다.

'이것이 죽었다는 증거다. 죽을 때 보는 불이다. 곰들아, 용서해라'라고 코쥬로는 생각했다. 그 후의 코쥬로의 생각은 나로서는 더 이상 알 수가 없다.

어쨌든 그로부터 사흘째 되는 밤이었다. 마치 얼음 구슬 같은 달이 하늘에 걸려 있었다. 눈은 푸르스름하게 밝게 빛나고, 물은 인광을 발했다. 묘성과 삼태성이 녹색과 주황색으로 반짝반짝거리며 숨쉬고 있는 것처럼 보였다.

p.90 밤나무와 하얀 눈으로 덮인 봉우리에 둘러싸인 산 위의 평평한 땅에, 검고 커다란 것들이 많이 몰려 원을 이루어 각각 검은 그림자를 늘어뜨리고, 이슬람교도가 기도할 때처럼 가만히 눈에 엎드린 채로 언제까지나 움직이지 않았다. 그리고 눈과 달의 빛으로 보면 가장 높은 곳에 코쥬로의 시체가 반쯤 앉은 듯한 자세로 놓여 있었다.

그렇게 생각해서인지, 죽어서 얼어 버린 코쥬로의 얼굴은 흡사 살아 있던 때와 같이 맑은 표정으로 왠지 웃고 있는 것처럼도 보였다. 정말로 그 크고 검은 것들은 삼태성이 하늘의 한가운데에 이르러도, 서쪽으로 더 기울어도 화석이 되어 버린 듯 꼼짝않고 움직이지 않았다.

紫紺染について 자감염색에 관하여

p.92 모리오카 산물 중에 자감염색이라고 하는 것이 있습니다.

이것은 자감이라고 하는 도라지와 아주 닮은 풀뿌리를 재로 우려내어 염색하는 것입니다.

남부의 자감염색은 옛날에는 매우 유명한 것이었다고 합니다만, 메이지 시대가 되고

p.93　잇달아 들어왔기 때문에 전혀 사용하지 않게 되었습니다. 그것이 아주 최근에 다시 화제가 되기 시작했습니다. 그렇지만 워낙 오랫 동안 잊혀졌었기 때문에, 제조법도 염색법도 전혀 알 수가 없었습니다. 그래서 현의 공업회의 간부들이랑 공예학교 선생님은 그것에 관해 여러 가지를 조사했습니다. 그리고 드디어 완전히 옛날과 같은 좋은 것을 만들 수 있게 되어 도쿄 대박람회에도 나갔었고, 2등상도 받았습니다. 여기까지는 대체로 누구나가 알고 있습니다. 신문에도 매일 나왔습니다.

　그렇지만 직원들의 고충은 신문에 나온 것보다 그 정도가 상당했습니다. 그 연구 중에 있었던 한 이야기입니다.

p.94　공예학교 선생님은 우선 옛날 오래된 기록에 주목했습니다. 그리고 도서관 2층에서 매일 누렇게 낡은 사본을 조사하는 중에, 드디어 아래와 같은 유익한 정보를 발견했습니다.

　1. 산사나이 자감을 팔아 술을 산 일,

　산사나이 니시네야마에서 자감 뿌리를 캐내어 저녁 무렵에 이르러 남몰래 성 아랫마을인 모리오카에 나가서, 목재 거리 생약상인인 오미야 겐파치에게 한 가마니를 25문에 팔았습니다. 그리고 나서 산사나이는 술집 한노스케에 가서 5홉들이 정도의 호리병박을 내밀며 그 속에 청주 한 말을 넣어 주기를 요청합니다. 한노스케 집 어린 일꾼이 몸을 떨며 '술 한 말은 아무리 해도 들어가기 어렵습니다'라고 대답을 하는 바, 산사나이는 어쨌든

p.96　따라 넣도록 강요합니다. 한노스케도 얼굴색이 새파래져 알겠다고 빠른 말투로 이야기합니다. 그런데 어린 일꾼이 되를 들어 술을 집어넣자 술은 아무 일도 없다는 듯이 들어가 결국 정량 한 말이 됩니다. 산사나이는 크게 웃으며 25문을 놓고 호리병박을 들고 사라진 일이 목재 거리 대표로부터 보고가 있었습니다.

　이것을 읽었을 때, 공예학교 선생님은 책상을 치며 이렇게 혼잣말을 했습니다.

　'그렇지, 자감 기술자는 모두 죽고 말았어. 생약방의 아저씨도 죽었다고 했고. 그렇다면 당장 자감에 관한 선배는 지금으로서는 산사나이뿐인 것이다. 좋아 좋아, 한번 산사나이를 불러 물어 보자.'

p.97 그래서 공예학교 선생님은 마을의 자감염색연구회 사람들과 의논하여, 9월 6일 오후 6시부터 우치마루 서양관에서 산사나이를 초대하는 모임을 갖기로 결정했습니다. 그래서 공예학교 선생님은 산사나이 앞으로 훌륭한 편지를 썼습니다. 산사나이가 그 편지만 보면 반드시 정말 올 생각이 들도록 잘 쓴 것입니다. 그리고 복숭아빛 봉투에 넣어서 '이와테 군 니시네야마 산사나이님께'라고 주소를 쓰고 3전짜리 우표를 붙여 우체통에 쏙 집어넣었습니다.

"흠. 이렇게 해 두기만 하면 이 다음은 저쪽에 도착하든 하지 않든 우체국의 책임이다."라고 선생님은 중얼거렸습니다.

p.98 앗핫하. 여러분. 드디어 9월 6일이 되었습니다. 저녁 무렵 자감염색에 열심인 사람들, 스물네 명 모두가 우치마루 서양관에 모였습니다.

이미 식당의 준비는 완전히 마쳤고, 선풍기는 빙빙 돌고 하얀 테이블보는 물결칩니다. 테이블 위에는 녹색과 검은 화분들이 멋지게 진열되었고, 최상품의 빵과 버터도 벌써 놓여졌습니다. 부엌쪽에서는 좋은 냄새가 솔솔 풍겨옵니다. 사람들은 누에품종단속처 설치 운동에 관한 일이라든가 그 밖의 일에 관해 서로 여러 가지 이야기를 나눴습니다만, 마음속으로는 누구나 산사나이가 정말로 와 줄지 어떨지를 매우 걱정하고 있었습니다. 만약 산사나이가 오지 않는다면 어쩔 수 없으니 모두의 친목회로 하자고 각자 생각하고 있었습니다.

p.99 그런데 산사나이가 드디어 왔습니다. 정확히 6시 15분 전에 인력거 한 대가 쓱 하고 서양관 현관에 멈췄습니다. 모두는 드디어 왔구나 하면서 현관에 늘어서서 맞이했습니다. 인력거꾼은 얼굴이 아주 새빨갛게 되어 땀을 흘리며 입김을 거칠게 내뿜으면서 무릎덮개를 걷었습니다. 그러자 서서히 인력거에서 내린 사람은 황금빛 눈과 붉은 얼굴을 한 니시네야마의 산사나이였습니다. 등에 커다란 도라지 문양이 새겨진 모포를 무겁게 걸치고 잿빛의 보자기 같은 하카마를 헐렁하게 입고 있었습니다. 그리고 커다란 파란 줄무늬 지갑을 꺼내서,

"인력거 삯이 얼마지?"라고 물었습니다.

p.100 인력거꾼은 이미 지쳐서 비틀비틀 쓰러질 것 같았습니다만, 겨우 이렇게 말했습니다.

"나리. 180냥 주세요. 인력거는 벌써 삐걱거리고 저도 지금부터 병원에 입원할 겁니다."

그러자 산사나이는,

"흠, 당연하지. 자, 이 정도 주겠다. 거스름돈은 술값이다."라고 말하면서 얼마인지 모를 커다란 지폐를 한 장 주고 바삐 현관으로 올라섰습니다. 모두들 공손히 절을 했습니다. 산사나이도 조용히 절로 답례를 하면서,

"이런, 안녕하세요. 초대해 주셔서 정말 황송합니다."라고 말했습니다. 모두들 산사나이가 너무나 신사답고 훌륭했기 때문에 매우 놀랐습니다. 다만 그중에 한 사람

p.102 마을 외곽에 있는 책방의 주인이 있었습니다만, 산사나이가 지나치게 점잖을 빼는 모습을 보고 엉겁결에 히죽 웃었습니다. 그것은 엊저녁 무렵 새빨간 얼굴에 도롱이를 걸친 커다란 남자가 와서 '알아두어야 할 일상에서의 예절'이라는 책을 사 갔는데, 산사나이가 그 남자와 너무 닮았기 때문입니다.

어쨌든 모두들 바로 산사나이를 식당으로 안내했습니다. 그리고 함께 앉았습니다. 산사나이가 앉았을 때 의자가 삐걱거렸습니다. 산사나이는 앉자마자 이번에는 황금빛 눈을 고정시키고 계속 빵이랑 소금이랑 버터를 쳐다보았습니다.

이윽고 점점 식사는 진행되었고, 이야기도 활기를 띄었습니다.

"아니 정말로 거기는 심한 곳이야. 아무래도 육 백부터는 기권이니까요."

p.103 라는 이야기를 하는 사람도 있고 한쪽에서는 슬슬 중요한 이야기가 시작되려고 했습니다.

"저기, 실례지만 산사나이님, 당신은 몇 살이십니까?"

"스물아홉입니다."

"젊으시네요. 역시 1년은 365일입니까?"

"1년은 365일일 때도 366일일 때도 있습니다."

"당신은 보통 어떤 것을 드시는지요?"

"글쎄요. 밤이나 고사리나 야채를 먹습니다."

"야채는 당신이 농사를 지으십니까?"

"해님이 지으십니다."

p.104 "어떤 것입니까?"

"글쎄요. 미즈, 호나, 시도케, 땅두릅, 그 밖에 시메지, 킨다케 등입니다."

"올해 땅두릅은 잘 되었습니까?"

"제법 잘 되었습니다만, 향기가 좀 부족합니다."

“비 때문일까요?”

“그렇습니다. 그러나 아무래도 아스파라거스에는 당할 수가 없군요.”

“아아.”

“아스파라거스랑 상추 같은 것이 산야에 자생하게 되지 않으면 산업도 진짜가 아니니까요.”

“그렇군요. 대단한 탁견이시군요. 그런데 당신은 자감은 잘 아시겠지요?”

p.105 모두들 조용해졌습니다. 이것이 오늘밤의 주요 논제였던 것입니다. 산사나이는 술을 꿀꺽 삼키며 말했습니다.

“자감, 자감이라고? 글쎄 들은 것 같기는 하지만, 잘 모르겠습니다. 역시 모르겠는데요.” 모두들 실망했습니다. ‘뭐야? 자감도 모르는 산사나이 따위 무슨 소용이 있어, 이런 녀석한테 술을 마시게 하는 등 부질없는 짓을 했군. 이제부터는 우리들의 친목회다’라는 생각으로 각자 제멋대로 마시고 제멋대로 먹었습니다. 그런데 산사나이에게는 그것이 매우 기뻤던 것 같았습니다. 끊임없이 꿀꺽꿀꺽 술을 마셨습니다. 생선요리가 나오자 통째로 깨끗이 먹어 치웠습니다. 야채가 나오자 손을 주머니에 넣은 채로 혀만 내밀어 쓱 하고 훑어 먹어 버립니다.

p.107 그리고 눈이 새빨개져서는, ‘헤로렛떼 헤로렛떼 케로렛떼 헤로렛떼.’라며 얼토당토 않은 소리로 짖어대기 시작했습니다. 그러자 모두들 점점 꺼림칙하게 생각하기 시작했습니다. 게다가 급사가 테이블 가장자리 쪽에서 새로운 술병을 땄을 때에는, 산사나이는 손을 아주 길게 뻗쳐 옆에서 낚아채더니 병째 들이키기 시작했기 때문에 부르르 몸을 떤 사람도 있었습니다. 그래서 연구회 회장님은 원래 사무라이였기 때문에 생각했습니다. ‘이건 아무래도 안 되겠어. 무례하군. 이렇게 소란을 피워서는 어쩔 수없어. 한번 정신이 들게 해 주자.’ 과일이 나온 것을 기회로 회장님이 일어섰습니다. 하지만 회장님도 벌써 비틀비틀 취해 있었습니다.

p.108 “네, 잠깐 인사 말씀 한 마디 올리겠습니다. 오늘밤 귀한 손님이 와 주셨습니다. 부디 느긋하고 편안하게 계십시오. 그런데 오늘날 세계의 정세를 보건데, 실로 너무나 혼란스럽습니다. 남의 것을 날치기하는 것과 같은 일이 많습니다. 실로 분개하지 않을 수 없습니다. 아직 세상은 야만스럽기 그지 없습니다. 무례한 것들. 젠장. 쳇.”

회장님은 얼굴이 새빨개져서 호통쳤습니다. 모두들 놀라서 입을 뻐끔뻐끔하며 회장님의 소매를 끌어당겨 억지로 앉혔습니다.

그러자 산사나이가 귀찮다는 듯이 주머니에서 손을 꺼내고 일어섰습니다.

p.109 "네, 잠깐 인사 말씀 한 마디 올리겠습니다. 오늘밤 후한 음식 대접을 받아서 여러모로 고맙게 생각합니다. 어찌된 영문으로 이런 대접을 받게 되었는지 아까부터 계속 생각하고 있었습니다. 역시 아무래도 조금 전에 질문하셨던 자감에 관한 것 같습니다. 그래서 생각해 보니 저도 진짜 신경을 써서 생각해 내야 했습니다. 그렇게 마음 먹고 열심히 생각해 냈습니다. 그런데 저는 어릴 적에 어머니가 젖이 안 나와서 막걸리로 키워주셨기 때문에 지독한 알코올중독입니다. 술을 마시지 않으면 뭔가를 잊어버리기 때문에 딱 여러분과는 반대입니다. 그 때문에 그만 맥주도 한 병 실례했습니다. 그리고 그 덕택에 겨우 생각해 냈습니다.

p.110 그건 오늘날 니시네야마에는 많이 있습니다. 제 아버지 같은 사람은 줄곧 그것을 캐내어 마을에 가서 팔아 술로 바꾸었다는 이야기가 있습니다. 아버지가 아무래도 요즘 자감을 사는 사람이 없어 곤란하다고 푸념하는 것도 들은 적이 있습니다. 그리고 나서 그것을 염색하기 위해서는 아무거나 검고 축축한 흙을 사용한다는 이야기도 어렴풋이 기억하고 있습니다. 자감에 대해 제가 알고 있는 것은 이것뿐입니다. 그래서 무언가에 참고가 된다면 정말 다행스럽겠습니다. 지금 생각해 보니 고마운 이야기입니다. 저희 아버지는 자감 뿌리를 캐 와서 술과 바꾸었습니다만, 저는 자감 이야기를 조금만 하면 이렇게 취할 정도까지 술을 마실 수 있습니다. 보세요, 이렇게 취할 정도로 말입니다."

p.111 산사나이는 벌게진 얼굴을 오른손으로 훑으며 자리에 앉았습니다.
　모두들 술렁거렸습니다. 공예학교 선생님은 '검고 축축한 흙을 사용할 것'이라고 수첩에 적어 주머니에 넣었습니다.
　그리고 모두들 파란 사과 껍질을 벗기기 시작했습니다. 산사나이도 벗겨서 먹었습니다. 그리고 과육을 다 먹고 나서는 이번에는 심까지도 덥석 먹었습니다. 그리고 나서 약간 메밀국수를 먹듯이 껍질도 먹었습니다. 공예학교 선생님은 그것을 슬쩍 보았습니다만 모르는 체하고 있었습니다.
　한편 점점 밤도 깊었기 때문에 회장님이 일어서서,
　"자, 이것으로 해산이다. 제군, 좋았어 좋았어. 왓핫하."라며 모임은 끝났습니다.

p.112 그래서 산사나이는 시뻘개진 얼굴을 하고 어깨를 흔들며 한번에 계단을 네 개 정도씩 건너뛰어 현관으로 내려갔습니다.

모두들 전송하려고 뒤를 따라 현관까지 갔을 때는 이미 산사나이는 없었습니다.

마침 일곱 개 숲 중 가장 처음 숲에 한쪽 발을 내딛은 참이었던 것입니다.

그래서 자감염색이 도쿄 대박람회에서 2등상을 타기까지에는 이러한 고충도 있었다고 하는 이야기일 뿐입니다.

다락원 일한 대역문고 – 고급2

미야자와 켄지의 첼로 켜는 고슈
宮沢賢治のセロ弾きのゴーシュ

지은이 宮沢賢治
역　주 남이숙
펴낸이 정규도
펴낸곳 (주)다락원

초판 1쇄 발행 2008년 7월 11일
초판 4쇄 발행 2023년 4월 27일

책임편집 송화록, 임혜련, 김은경
교정 김윤희
디자인 이수민
일러스트 임미란

경기도 파주시 문발로 211
Tel: (02)736-2031 Fax: (02)732-2037
　　(내용문의: 내선 460~465 / 구입문의: 내선 250~252)
출판등록 1977년 9월 16일 제406-2008-000007호

ISBN 978-89-5995-400-1 18730
　　978-89-5995-296-0(set)

www.darakwon.co.kr
다락원 홈페이지를 통해 인터넷 주문을 하시면 자세한 어학 정보와 함께 다양한 혜택을 받으실 수 있습니다.